图说名人

《图说名人》编委会 编著

哥白尼

开启现代天文学

Gebaini

Kaiqi Xiandai Tianwenxue

南海出版公司

图书在版编目（CIP）数据

开启现代天文学——哥白尼 / 《图说名人》编委会
编著 . -- 海口：南海出版公司，2015.9（2022.3重印）

ISBN 978-7-5442-7947-5

Ⅰ．①开… Ⅱ．①图… Ⅲ．①哥白尼，Ⅳ．（1473～
1543）－传记 Ⅳ．①K835.136.14

中国版本图书馆CIP数据核字（2015）第204871号

KAIQI XIANDAI TIANWENXUE——GEBAINI

开启现代天文学——哥白尼

编　　著	《图说名人》编委会	
责任编辑	张爱国　冰落	
出版发行	南海出版公司　电话：（0898）66568511（出版）	
	（0898）65350227（发行）	
社　　址	海南省海口市海秀中路51号星华大厦五楼　　邮编：570206	
电子信箱	nhpublishing@163.com	
经　　销	新华书店	
印　　刷	永清县晔盛亚胶印有限公司	
开　　本	787毫米×1092毫米　1/16	
印　　张	7	
字　　数	80千	
版　　次	2015年12月第1版　　2022年3月第2次印刷	
书　　号	ISBN 978-7-5442-7947-5	
定　　价	36.00元	

1473年2月19日，尼古拉·哥白尼出生于波兰维斯瓦河畔托伦市的一个富裕家庭。18岁时就读于波兰旧都的克拉科夫大学，学习期间对天文学产生了兴趣。1496年，23岁的哥白尼来到文艺复兴的发源地意大利，在博洛尼亚大学和帕多瓦大学攻读法律、医学和神学学位。博洛尼亚大学的天文学家德·诺瓦拉对哥白尼影响极大，哥白尼从他那里学到了天文观测技术以及希腊的天文学理论。后来在费拉拉大学获教会法博士学位。

在意大利期间，哥白尼熟悉了希腊哲学家阿里斯塔克斯（公元前3世纪）的学说，确信地球和其他行星都围绕太阳运转这个日心说是正确的。他大约在40岁时开始在朋友中散发一份简短的手稿，初步阐述了他自己有关日心说的看法。哥白尼经过长年的观察和计算终于完成了他的伟大著作《天体运行论》。他在《天体运行论》中观测计算所得数值的精确度是惊人的。例如，他得到恒星年的时间为365天6小时9分40秒，比现在的精确值约多30秒，误差只有百万分之一；他得到的月亮到地球的平均距离是地球半径的60.30倍，和现在的60.27倍相比，误差只有万分之五。

哥白尼学说是人类对宇宙认识的革命，它使人们的整个世界观都发生了重大变化。哥白尼的书对伽利略和开普勒的工作是一个不可缺少的序幕。伽利略和开普勒又是牛顿的主要前辈。伽利略和开普勒的发现才使得牛顿有能力确定运动定律和万有引力定律。

从历史的角度来看，《天体运行论》是当代天文学的起点，当然也是现代科学的起点。

目录

 ## 学习生涯

1

 ## 初涉政坛

23

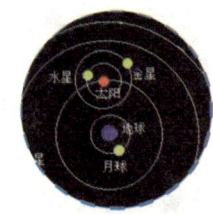

艰苦从政

晚年生活

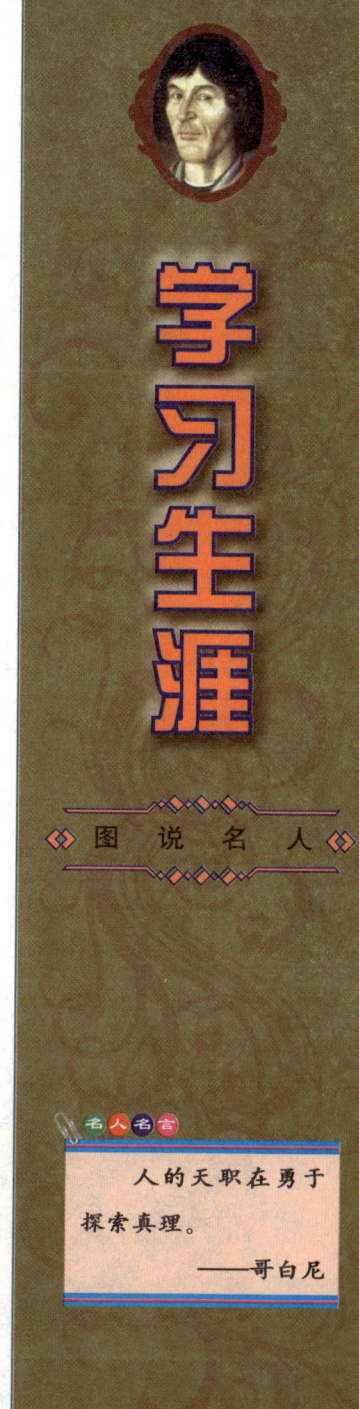

童年生活

在距波兰首都华沙西北约213千米的地方，坐落着一座美丽的城市——托伦，这就是伟大天文学家尼古拉·哥白尼的故乡。

托伦是一座富裕的城市，商业和手工业相当发达。哥白尼出生在位于托伦古城圣安娜街的一座房子里。这是一幢狭窄的三层楼，每一层的正面开有三个窗户。这座房子离维斯瓦河的码头很近，小哥白尼从自家窗口便能看到维斯瓦河里来往穿梭的船只。这些船有的满载粮食、蜂蜜、柏油、石蜡、铜和裘皮驶向格但斯克海港；有的则从格但斯克返回，返航的船舶装载的多是鲱鱼、海盐、衣料，还有来自阿拉伯国家的货物。这条繁忙的河道里还时常有放木工人流放的木排。托伦不仅是波兰和当时的友好国家匈牙利的货物转运港，也是德国、斯堪的纳维亚国家、英国和意大利的货物转运港。托伦商人的足迹几乎遍布整个欧洲。波兰第一条大河——维斯瓦河紧贴着托伦城边流过，把它同首都华沙、古都克拉科夫，以及北方的波罗的海连成一线。发达的航运业使托伦迅速富裕起来。

伴随经济的发展，托伦的政治地位也得到了不断提高。在哥白尼出生之前，托伦曾长期处于十字骑士团的统治之下。后来，托伦人不堪忍受压迫，和其他城市的居民一起掀起了反抗骑士团的斗争。他们向波兰国王卡齐米日·雅盖隆奇克提出请求，请求他解放被骑士团占领的地区。于是波兰历史上长达13年之久的战争爆发了。最后战争以1466年签订《托伦和约》而宣告结束，格但斯克沿海地区又回到了波兰的怀抱，同时瓦尔米亚也并入了波兰版图。鉴于托伦人民作出的特殊贡献和托伦所处的经济地位，几代波兰国王先后授予托伦一些特殊权利。托伦不仅和克拉科夫、茨瓦夫、格但斯克等国内各大城市保持着密切的经济联系，而且和几乎遍布整个欧洲的许多外国城市保持着频繁的贸易往来。

在哥白尼生活的时期，托伦的

※哥白尼出生地——托伦

人口大约有15000人，其中约有三分之一居住在城外。在城内的中心市场周围居住着有钱有势的显赫人家，贫民则主要聚居在城外。居住在城外的这些贫民常常遭受强盗、匪徒的袭击和掠夺。15世纪的托伦由古城与在其旁边形成的新城两部分组成。两个城区以十字骑士团城堡作为分界线，这座城堡于1454年被反抗十字骑士团的起义者摧毁。

像克拉科夫、格但斯克和埃尔布隆格一样，托伦加入了北欧诸城市建立的汉萨同盟，该同盟的宗旨主要是维护自身的贸易特权。15世纪上半叶，托伦达到鼎盛时期，是一座强大和富裕的城市。少年时期的哥白尼经常看到来自天涯海角的外国人，他们为托伦带来了远方世界的消息。哥白尼时常聆听从克拉科夫或国外什么地方返回的托伦人讲述他们的旅行见闻。这一切都使哥白尼大开眼界，也增长了不少见识。

在1473年2月19日，尼古拉·哥白尼出生于一个殷实的商人家庭。父亲的名字也叫尼古拉，他不仅是一位能干的商人，还是古城议会的议员。母亲巴尔巴拉·瓦兹洛德是名门闺秀。哥白尼在位于圣安娜街的家里度过了自己的童年，哥白尼的童年是幸福而无忧无虑的。1480年，7岁的哥白尼同父母一起搬入紧靠古城市场的一座更为讲究的房子。哥白尼的父母闲暇时，经常带着孩子们到离城里有一小时路程的卡什乔莱克村去，在那里位于维斯瓦河畔的葡萄园中，有父亲建造的一座消夏别墅。

哥白尼诞生的时候，已经是托伦摆脱十字骑士团统治的第19个年头，雄居波兰王位的是波兰历史上最杰出的国王之一——卡齐米日·雅盖隆奇克。他像自己的父王——瓦迪斯瓦夫·雅盖沃一样，同十字骑士团进行了顽强的战斗，并赢得了胜利。哥白尼的先辈参加过同骑士团的斗争。哥白尼童年时，经常听到一些有关十字骑士团欺压沿海地区和普鲁士居民的故事；听父亲讲述过他站在波兰国王一边反对十字骑士团的故事以及他周游世界各地的见闻；也听过许多关于克拉科夫的描述，因为父亲和爷爷都曾在那里居住过。

哥白尼的父亲——尼古拉，出生于克拉科夫，1448年已经是一位很有名望的商人了，在克拉科夫和格但斯克之间做大宗铜生意。1458年，尼古拉从克拉科夫迁居到托伦。在沿海城市反抗十字骑士团的统治争取解放斗争的初期，作为中间人参加了红衣主教兹比格涅·奥莱希尼茨基和普鲁士各界代表之间的经济谈判，讨论如何偿还波兰和十字骑士团交战期间的军事债务问题。大约在40岁的时候，尼古拉与巴尔巴拉·瓦兹洛德结为夫妻。他们的儿子哥白尼在爱国主义、关心国家大事和热爱公益事业思想的熏陶下成长起来。当时人们关心的主要是本地区的利益。哥白尼故乡(普鲁士)居民对关系到他们所在地区的事情特别地敏感，在波兰王国里，他们享有很大的独立性。鉴于他们面临的外部危险，特别是来自十字骑士团的威胁，波兰统治者对他们关怀备至。他们在和波兰保持紧密联系的同时，特别强调自己的特殊性和自治性。这样一种地区性的爱

※哥白尼画像

国主义精神哺育了哥白尼，他始终感到自己和故乡是紧密联系在一起的。1483年，哥白尼的父亲去世，身后留下了四个子女：哥白尼、安杰伊、巴尔巴拉和卡塔日娜。巴尔巴拉出家进了修道院，后来在海乌姆诺的一所修道院当了院长。卡塔日娜后来嫁给托伦市议员巴特沃米伊·格特纳为妻。而安杰伊和哥白尼继续上学，以便以后从事神职工作。哥白尼同自己的哥哥安杰伊始终保持着最紧密的联系，他们一道接受了初级教育，然后又一道在克拉科夫和罗马上大学。

哥白尼是在弗沃茨瓦韦克接受初等教育的，教他学习的是一位优秀教师，名叫阿布斯特米斯·乌特卡。在这位老师的熏陶下，哥白尼对天文学产生了兴趣。

在哥白尼出生那年，托伦学校的校长是哥白尼的舅舅乌卡什·瓦兹洛德。舅舅是在意大利大学毕业以后返回波兰任教的。在哥白尼童年时期，托伦学校的校长是来自格鲁琼兹的一位叫杨的人，他是克拉科夫大学法律系毕业生。正是在这所拥有优质师资力量的学校里，哥白尼首次接触到了天文学。在当时很多人认为做生意的商人不识字简直是不可思议的，农民会写字在当时也不算什么稀奇事。哥白尼生活时期，神职人员已经失去了对知识的垄断，国王卡齐米日·维尔基在这方面起了推动作用，虽然国王本人似乎一直是文盲，但他却很重视科学。国王创建了波兰第一所大学——克拉科夫大学，这所大学是中欧创建最早的大学之一。对学习知识最感兴趣的是市民阶层，贵族在这一时期也抛弃了所谓知识会削弱战斗力的偏见，以丝毫不亚于对弯弓射箭的兴趣同笔墨打起交道来。

托伦的教育事业几乎是和城市一起发展起来的。

在发展教育方面，波兰当时走

※哥白尼故乡托伦街头的哥白尼雕塑

在了欧洲国家的前列，平均每千人就有一所世俗学校或教会学校。中世纪的最后200年是波兰教育事业的大发展时期。在卡齐米日·雅盖隆奇克国王统治的后期，全国有五分之四的农村办起了学校，城乡学校的总数多达3500所左右。正是在如此发达的教育网的基础上，形成了社会共有的世俗文化，对实现民族概念上的国家统一产生了一定影响，并且为普及文艺复兴时期的文化奠定了基础。也正是这些学校为克拉科夫大学输送了大批学生。

哥白尼是在新旧时代更替时期上学读书的。那时的学校还是中世纪的学校，但学校里已经出现了一些文艺复兴的迹象。当时初等教会学校的学生必须学习所谓三门人文课程，即必须学会用拉丁文读书和写字，以及掌握基础数学。当时几乎没有什么教科书，因为印刷术还未普及，印刷费用十分昂贵。学生必须把老师讲的东西全部记在脑子里。督促学生们学习的工具，就是教师手中的教鞭。开始，学校只教学生祈祷和用拉丁文唱赞美诗所需要的知识，为做弥撒和准确计算宗教节日服务。但实际生活需要远远超出了这最低限定的范围，于是便出现了一些非宗教活动，即世俗事业所需要的新科目。学生除了学习

中世纪的作品外，开始逐渐接触古典作品，后来又扩大到当代作品。哥白尼在这种学校里学习到四种人文课程。在这里他接触了天文学，天文学是准确使用复杂的教会日历所必需的。

母亲的去世打乱了哥白尼无忧无虑的童年生活。母亲去世后他是由姨妈照料的，舅舅乌卡什·瓦兹洛德从罗马回来后就承担起了照料的义务。舅舅把两个外甥——安杰伊和哥白尼一起带到利兹巴克的主教城堡里，从此舅舅乌卡什便成了哥白尼的热心养育者和有力的庇护人。哥白尼是在母亲去世后才到海乌姆诺的学校读书的，海乌姆诺的学校是当时全普鲁士最好的。

海乌姆诺的学校是来自荷兰兹沃勒的一对兄弟开办的。兄弟俩的职业就是开办学校和出版书籍，他们渴望向青少年灌输改良宗教和道德生活的思想。他们开办的这所学校被认为是当时最先进的，哥白尼在这所学校里获得了很好的基础教育，这为以后上大学做好了准备。生活在舅舅身边，使哥白尼得到很多指导，从而使他在学校学到的知识更加充实，同时也了解到不少有关当时欧洲科学文化中心意大利以及波兰克拉科夫大学的情况。

舅舅乌卡什·瓦兹洛德是一位

学识渊博的人，他先后在克拉科夫和意大利的一些大学里学习过，还曾作为瓦尔米亚神甫会的特使在罗马教皇的宫廷里住了几年。他是波兰人文主义者之一，正是这些人文主义者把意大利全新的文艺复兴思想传入波兰。乌卡什·瓦兹洛德十分热爱科学，他和波兰国内外不少杰出的人文主义者有着密切往来。他是瓦尔米亚和沿海区文艺复兴的先驱，也和克拉科夫大学许多杰出学者有交往，甚至连国王卡齐米日·雅盖隆奇克也很熟悉他。瓦尔米亚和利兹巴克神甫会特意把他从意大利召回来，以便在1489年选他担任瓦尔米亚主教。

瓦兹洛德主教热心政治，喜欢玩弄权术，是文艺复兴时期典型的达官贵人。他过的是世俗生活，作为一名神职人员，他并没有笃信教义的献身精神。他像当时的许多教会权贵一样，热衷于当时的荣华富贵。他给人的印象却俨然是一位正人君子，没有人因为布拉涅夫市长是他的私生子而告发他。他的性情似乎是忧郁的，脸上很少露出笑容。他自负、清高，令人难以接近。他同时也是一位普鲁士爱国者，是十字骑士团不共戴天的仇敌。瓦兹洛德是个固执己见的人，容不得反对意见。当神甫会不愿服从他的某些指示的时候，他曾威胁说要把所有人，包括两个不听话的外甥全部赶走，虽然他最疼爱两个外甥。哥白尼的许多政治观点都是从舅舅那里接受过来的，舅舅的观点使哥白尼增加了对十字骑士团的反感。

1491年，舅舅把18岁的哥白尼送到克拉科夫大学读书，从此哥白尼开始了他持续15年之久的大学时代。大学生活的开始，成为哥白尼一生中的转折点。哥白尼去克拉科夫时正值秋天，哥哥安杰伊与他同行，因为安杰伊也去上大学。兄弟俩虽是初次到克拉科夫，但是对那里丝毫也不感到陌生，因为克拉科夫是他们父亲生活过的地方，当时仍有不少亲朋住在那里。在克拉科夫，哥白尼有机会接触到一些以来自意大利的著名学者和卡利马赫为代表的最杰出的人文主义者。卡利马赫同哥白尼的舅舅过往甚密。

舅舅为两位外甥在克拉科夫提供了舒适的生活条件，这使他们在那里可以安静地、一心一意地致力于学习，无须像贫困的同学那样靠帮别人补课或为有钱同学服务来弥补学习和生活费用的不足。哥白尼兄弟俩的学习生活没有任何后顾之忧。

克拉科夫大学生活

克拉科夫给18岁的哥白尼留下了深刻印象。虽然哥白尼的故乡托伦也是全国最好的城市之一，但和波兰首都克拉科夫相比，还是略逊一筹。当时克拉科夫不仅是全国的政治、经济中心，也是全国文化、科学和社交活动中心。走在大街上，可以听到五花八门的语言，也时常能碰到从托伦来做生意的熟人。克拉科夫大学以其崇高的声望招来各地青年，大学生又为城市本身增添了不少光彩。这所高等学府在哥白尼就学时正处于兴旺时期，哥白尼在这里度过了四年大学生活。在克拉科夫，他接触到许多深受国内外敬重的学者，无数外国人来到这里，带来外部世界的信息。

克拉科夫大学后来改名为雅盖隆大学，在哥白尼时期已经闻名遐迩。它是在国王卡齐米日·维尔基的努力下于1364年创办的。为了能继布拉格大学之后在克拉科夫创办中欧的第二所大学，波兰国王通过很长时间的努力，首先征得教皇乌尔本五世的同意。波兰国王为能冲破前几任教皇的反对而征得教皇同意，就意味该大学的毕业文凭会被所有基督教国家承认，而该校毕业生就有权利到任何地方任教。有了自己的大学，不仅给国家统治者的脸上增添了光彩，也为城市增加了收入，更为国家培养了人才。当时波兰正需要知识和人才，尤其需要能在外国不友好势力面前维护国家利益的法学家，同时也特别需要受过教育的行政管理人员。这所大学不只是为本国服务，也对所有外国开放。在这里读书的外国学生，主要来自尚未开办大学的国家，最多的是匈牙利人和西里西亚人，也有很多德国人和捷克人。

哥白尼进入克拉科夫大学人文学系读书的时候，正值人文主义者对这所大学影响最盛时期的尾声。从1491至1494年，哥白尼亲身经历了人文主义者和其政敌之间，以及近代世界观、科学观、社会秩序观的代表和中世纪卫道士之间的尖锐

思想斗争。反对激进人文主义的是以红衣主教弗里德里克·雅盖隆奇克为首的主教团。这位红衣主教原是国王卡齐米日·雅盖隆奇克的儿子，曾经是哥白尼舅舅争取瓦尔米亚主教教职的竞争对手。红衣主教本人努力学习了人文主义，他作为克拉科夫主教对克拉科夫大学的科学发展等问题有着很大发言权，但他对此却漠不关心，他期望人文主义能够为教会服务。

哥白尼进入克拉科夫大学时期，大学生都住校，在教授的严格

监督下，在学生宿舍里过着像修道院似的生活。贵族的子弟可以在城里单独租房居住，但必须有某位教授或学士负责加以监督。在哥白尼学习时期，由于学生越来越多，监督制度已经不那么严格了，也没有足够的教授和学士去看管那么多的学生了，所以只是偶尔进行一次检查。哥白尼虽然有条件租赁私人住宅，但他却住在"耶路撒冷"学生宿舍里。大学档案馆里保存下来的哥白尼的天文学手稿，有一部分就是在"耶路撒冷"学生宿舍里写成的。这栋学生宿舍位于学院大楼附近，大楼里安装有天文仪器，在去意大利求学之前，哥白尼已经学会了使用这些仪器。

哥白尼是来自波兰各地和其他欧洲国家约两千名大学生中的一员。仅这些大学生就使约有两万人口的克拉科夫城几乎到处都能听到五花八门的语言和语调，这使城市显得更加热闹和混乱。新入学的学生一般都需要高年级学生和学习辅导员的支持、指导和帮助。为此，大学建议新入学的学生在办理注册登记之后，要马上找一位优秀学生负责帮助自己，特别是辅导自己的学习。同高年级同学建立关系，进入他们的天地，那可不是一件容易的事。新同学入学后首先遇到的是高年级学生私底下针对他们的"洗礼"活动。这种所谓"大学洗礼"或称"造就大学生"活动，对新生来说要大吃苦头，而对高年级学生和旁观者来说，则是一种乐趣。新生被戏谑地称为乳臭小儿或黄口雏鸟，被认为是无知、尚未调教过的人，必须学习良好的大学礼仪。这种为新生"清除乳臭"的活动，就是所谓的"洗礼"，它往往是在新生入学的路上进行的。站在路上迎接新生的是一些穿着奇装异服的大学生，他们首先向来者发起进攻，不止一次地痛打他，然后再将他拉到一家饭馆让他请客。这种仪式有时也在学生宿舍进行，尽管学校当局曾严令禁止。

"洗礼"活动远不止是大学生的全部恶作剧。许多有钱有势的学生还常常到市里寻衅闹事，甚至在校内不同民族或不同专业的同学之间也常发生纠纷，校长不得不进行越来越多的干预。玩纸牌等赌博游戏和酗酒也常常导致闹事，由吵架到动刀动枪地厮打，直至酿成流血事件。这样一来，医学系学生正好有了用武之地。德国学生和捷克学生之间不时发生争吵，匈牙利学生也好滋事，甚至来自不同地区的波兰学生之间也常发生争执。这类事情往往要由校长亲自加以处理和裁决。哥白尼是富有感情、易于冲动的人，但他的激情最多地倾注在学习和学术辩论上。当时在学校里闹事的不仅仅是学生，讲师之间的争吵有时也远远超出学术辩论的范围，当缺乏有力证据时，也会动起手来。教师之间一旦出现此类事件，喜欢打斗的学生就如鱼得水，总是高兴地卷进去。校长曾不止一次发布指示，禁止大学生携带武器，特别是佩带刀剑，刚开始禁止在学校携带，后来甚至禁止上街时携带。而当时佩带刀剑已经成风，学生为了把自己打扮成骑士模样，甚至把仅有的书籍卖掉去买佩剑。

克拉科夫大学的学生主要是世俗青年，他们完全可以在法律允许的范围内尽情享受人生乐趣。此外，学生中还有一些神职人员和信奉禁欲主义的修士。学生的年龄差别非常大，既有十几岁的小青年，也有几十岁的壮年男子。神职人员除受学校本身的纪律约束外，还受严格的教会法规约束。但因他们生活在欢乐的年轻人中间，便觉得自己年轻了，于是也就忘记了教规，过起世俗生活来，当然这一切只能背着教会当局偷偷进行。辉煌的文艺复兴时代有助于人们更好地享受生活乐趣。严格的中世纪苦行主义生活方式仅仅局限在修道院里，即使修道院里也射进了文艺复兴的光芒。尽情欢乐的不仅仅是大学生，甚至一些高级神职人员也接受了世俗的生活方式。

克拉科夫作为科学和艺术之城，不仅吸引了许多大学生，也吸引了不少外国学者和其他各行各业的著名人物。有不少欧洲闻名的伟大人文主义者，其中最杰出的有布鲁泽沃的沃伊切赫和被称为卡利马赫的意大利人菲利波·博纳科尔西，以及康拉德·采尔泰斯。他们对年轻的哥白尼都有很大影响，对哥白尼的个性、政治观点和兴趣爱好的形成起了重要作用。当时克拉科夫不仅是本国和邻国青年满足求知欲的地方，也是一些国家遭受迫害的人文主义者的避难圣地。

对哥白尼有重要影响的卡利马赫是来自意大利首都罗马的侨民，他担任过波兰国王卡齐米日·雅盖隆奇克几个儿子——扬·奥尔布拉希特、亚历山大、弗里德里克和齐格蒙特的拉丁文教师。在1471年他进入王宫任教时，为王子们带去了新的人文主义思想。王子们的另一位老师——扬·德乌戈什是波兰伟大的历史学家，他虽然摆脱了一些思想偏见，但仍代表着中世纪的世界观，这和卡利马赫代表的新世界观刚好是针锋相对和格格不入的。虽然两位教师互相敬重，但也发生

过尖锐的观点对峙，正是这样两个对立的人物造就了王子们的观点。哥白尼在克拉科夫大学学习期间，正是卡利马赫十分得势的时候，因为他的学生掌管国家政权使他的成就和影响达到顶峰。卡利马赫是当时波兰最著名的人文主义者之一，他除爱好科学和艺术外，也对政治感兴趣。国王发现这一点后，把他调到国王办公厅，让他当了自己的顾问。

对哥白尼影响最大的莫过于克拉科夫大学的数学和天文学教授——布鲁泽沃的沃伊切赫。这位沃伊切赫堪称杰出的学者和人文主义者，他唤起了哥白尼对天文学终生的兴趣。正是这种兴趣导致哥白尼发现了地球围绕太阳旋转这一伟大真理。沃伊切赫不仅是学者和人文主义者的典范，也是富有公民道德、爱国主义和其他各种美德的楷模。这位优秀人物影响了哥白尼的整个人生，是他最早在年轻哥白尼的心灵深处播下了"怀疑"的种子，使哥白尼敢于怀疑当时普遍公认的准则。而正是这种怀疑进一步激励哥白尼实现具有划时代意义的发现。

当时的时代非常需要天文学家。教会需要天文学家准确地计算所有不固定节日在具体年份的准确日期，需要编制日历和从事异常繁杂的时间统计工作。王宫大公和各权贵的官邸几乎都需要一位占星学家，而这种角色通常是由天文学家来充当的。

与占星学和数学密切相关的天文学专业在克拉科夫大学有着悠久的历史，许多外国学生怀着浓厚的兴趣在这里学习天文学。克拉科夫大学天文学专业之父马尔钦·克鲁尔，在1459年私人出资创办了专门的占星学系。他同天文学家耶日·普尔巴赫过往甚密。当时，国外开设类似专业的大学为数很少。克拉科夫大学培养的天文学者在国外也颇受欢迎。15世纪下半叶，意大利博洛尼亚大学的天文系就有五位来自波兰的教师，其中有一位兼任匈牙利王宫的占星学家。

在克拉科夫大学占星学系任教的布鲁泽沃的沃伊切赫是当时欧洲最著名的天文学家之一，他也是克拉科夫大学培养出来的。他于1468年进入大学学习，六年后在人文学系毕业，毕业不久就开始了他的教学活动。他的名声吸引了很多渴求知识的波兰青年和外国青年。他擅长把学生的数学爱好同天文学以及人文主义结合起来。他的兴趣并不限于所教授的专业，他还是一位视野开阔、知识渊博的学者。他富有特殊的教学天才，讲课十分精辟、明了、易懂。哥白尼是他最得意的学生，他的话给了哥白尼极大的启发，使哥白尼对当时人们普遍信奉的理论和准则产生了怀疑。月亮的轨道并不像以前人们说的那样圆，它实际是椭圆形的——这项异常重要的发现就是这位沃伊切赫的功劳。他向学生讲授说地球的卫星总是用一个面对着地球，这是他对月亮进行多次观察得出的结论。哥白尼离开克拉科夫以后，仍然同沃伊切赫保持着通信往来。沃伊切赫的信使哥白尼备受鼓舞，哥白尼提出

※伽利略

来的新想法也得到老师的肯定。沃伊切赫老师无疑早就发现了这位在专业学习上博采众长、具有特殊洞察力的学生。

哥白尼如饥似渴地听了沃伊切赫老师讲授的全部课程，积极参加各种学术讨论会，并发表过令人瞠目的不同见解，对已知天文现象作了别出心裁的解释。1493年，他同自己的老师一起观测了两次月食和一次日食。从那时起，哥白尼就踏上了创建自己理论的征程。

哥白尼的天文学知识不仅仅是通过听老师讲课和阅读课外辅导材料获得的。阅读古典作家的作品，也丰富了他的天文学知识。在克拉科夫大学学习期间，哥白尼广泛阅读古典文学作品。爱好文学在15世纪初就已成为克拉科夫大学的一种优良传统，哥白尼就读时期，语言学成为热门。大学生可在课堂上了解一些古典作家，而更多的古典作家则是在大学之外，从人文主义者那里得知的。大学生宿舍里流传着一些最优秀文学作品的手抄本。连讲授精密科学的教授也对人文主义产生了浓厚兴趣。

不止一位古典作家以文学形式隐晦地提出：太阳是行星体系的中心，其他所有行星，包括地球，都围绕着太阳旋转。亚里士多德在自

己的书信中也提到其他一些不同的天文学观点。哥白尼深入学习了托勒密的一篇论文，这篇论文综合地阐述了有关天体运动的知识。尽管他对托勒密的著作十分尊重，但还是发现许多矛盾，尤其是地球中心说更是漏洞百出。这个学说认为，地球处于宇宙的中心，其他所有行星和太阳都在围绕地球旋转。这种理论不能使哥白尼信服，大学老师的启迪，使他加深了这种疑虑。他阅读过的古典作品中曾提出，对行星的运动还有不同于托勒密学说的其他解释。为了解开萦绕在心头的这个谜团，哥白尼明白必须深入学习，而首先需要认真观察、测量和积累经验。哥白尼生活的时代，刚好存在一种对问题进行怀疑和探索，以便修正或推翻现行学说的气氛。

1495年上半年，哥白尼离开克拉科夫，回到住在瓦尔米亚的舅舅身边。当时在人文学系初级阶段的学习已经结束了，由于种种原因他没有继续学习。哥白尼带着丰富的知识和对国家大事的深入了解，回到了瓦尔米亚。这时他不只年龄增加了四岁，而且也成了一位成熟的人文主义者，已经能够为舅舅出谋划策了。也许舅舅已经把他当作了自己主教事业的继承人。不管怎

样，舅舅希望哥白尼兄弟俩能够继续深造，他愿为此提供物质保证。在筹措学习经费方面，舅舅作为一名主教，有很大的活动余地，他可以先让两位外甥担任瓦尔米亚主教区的神甫，然后经神甫会同意就可以得到神职人员的固定收入。在两兄弟中，安杰伊首先当上了神甫，两年后他也到意大利上大学，而那时哥白尼已经在意大利学到了不少有关宇宙的知识。当初，哥白尼争取当神甫的努力遭到挫折。本来有一名神甫去世了，神甫会有一个空缺，舅舅为争取这个席位做出了很大努力，却未能成功，因为刚好就在这个月教皇派人占据了这个席位，直到1497年查诺夫神甫去世后，才为哥白尼空出一个神甫席位。

正是主教舅舅的恩惠才使哥白尼获得了神甫职位，但这件事并未损害哥白尼自身的声望，因为任人唯亲、搞裙带关系已成为当时普遍盛行的现象。不仅神甫，就是教会的最高机构里也有许多人是靠亲戚关系才得以谋得职位的。这种现象在意大利尤为盛行，枢机主教们不止一次地把主教和红衣主教的头衔授予自己的私生子。后来，这种现象逐渐在教会中引起不满和愤慨，并成为宗教改革派手中的重要把柄。

留学意大利

1496 年，哥白尼远赴意大利的博洛尼亚大学学习法律。派哥白尼到博洛尼亚学习法律，这在很大程度上是由瓦尔米亚主教的个人需要所决定的。舅舅指望对外甥的智力投资将来会得到加倍的回报——他指望外甥能成为忠实于他本人的、具有最高学识的顾问、法律学家和律师。

这是哥白尼初次到意大利，但他事先对这个人文主义的发源地已经有了很多了解。由于舅舅和梵蒂冈以及意大利很多人文主义者有着频繁的往来，所以哥白尼在舅舅那听到很多有关意大利的情况。

意大利在15—16世纪成为重要科学和文化中心并不是偶然的。在此之前，许多意大利城市，特别是佛罗伦萨和威尼斯的经济发展，已经达到相当高的水平。从古罗马帝国衰落之日起，意大利就分裂成许多小国，往往一座城市就是一个国家。随着国家的繁荣昌盛，人们的怀古之情油然而生，普遍怀念强大的罗马帝国统治世界的日子。怀古者掀起了一个学习古典作品的热潮，对古老建筑的遗址也产生了兴趣，并且开始广泛收集被人们遗忘的古典艺术品。这就是文艺复兴运动的开始，它首先在佛罗伦萨兴起。

受人文主义影响，科学也发生了根本变化。

中世纪的神学已不再是科学的归宿和知识的核心。学者们摈弃了许多中世纪的观点，开始借助于理智和经验从事科学研究工作。正是这种对待科学的态度使人们有了很多发现，尤其是在自然科学和数学领域。促进科学发展的不仅仅是实验和探索工作，研究和重温古典作家和学者的著作，也起着巨大推动作用。文艺复兴时期，人们常常在那些被遗忘的作品中找到有助于他们加强自己信念或能为他们指明进一步探索之路的观点。人文主义学者就这样接过古代朴素的科学思想，加以发展，再通过实践加以验证，去伪存真，对宝贵的古代发明加以利用。哥白尼正是这样一位将实践经验和博览古典文学作品结合起来的学者。

哥白尼到意大利上大学是15世纪末的事，意大利当时涌现出一批最富有才华的人文主义者，他们是著名学者和艺术家。而15世纪末正是意大利不宁静的时期，各城市之间和各大家族之间的纷争导致了许多武装冲突。

哥白尼并不是博洛尼亚的第一位波兰留学生。波兰人到那里求学已经有三个多世纪的历史了，哥白尼正是踏着同胞的足迹来这里求学的。他的同时代人也有不少到这里来留学的，他的舅舅乌卡什·瓦兹洛德就是在博洛尼亚获得的博士学位。在哥白尼生活的时期，到意大利留学已成为波兰很常见的现象。凡是物质条件允许的波兰人，都争相越过阿尔卑斯山到意大利求学深造，也有纯粹出于好奇心而周游世界的。当时能够出国留学的，首先是有钱的贵族子弟和小市民子弟，当然，也少不了神职人员的孩子，还有个别得到富人资助的农民子弟。罗马教堂里有不少波兰人，其中有波兰国王派来控告十字骑士团的使者，也有波兰主教团的代表。这些人回到波兰后不仅为国内同胞带去了广泛的关于外部世界的信息，同时也带去了新时代的精神，使许多同胞受人文主义感染，于是又有更多的人踏上这条往返之路。

哥白尼在博洛尼亚已经不用再从基础专业即人文学系学起，因为他已经在克拉科夫学完了人文学专业。在哥白尼读书期间，博洛尼亚大学的生活空前活跃，学术辩论十分盛行，而且时常伴有嬉笑、起哄和冲突发生。甚至在"德国同乡会"内部也多次发生冲突。波兰人、匈牙利人和勃艮第人结成联盟反对德国人，而德国人则反对匈牙利人、西西里人和伦巴第人。类似冲突在其他一些大学，其中包括克拉科夫大学，也都曾发生过。

哥白尼兄弟俩在博洛尼亚是能够过世俗生活的，并可以参加当时非常时髦的交际活动。他们虽然是神甫，但除了学习知识外，却没有任何宗教义务。他们尽情地享受了博洛尼亚世俗生活的乐趣。当时他们都是世俗打扮，蓄着胡子，只是在参加隆重的宗教仪式时，才穿上罗马法学系的学生制服（深色的外袍和帽子）。生活过得很舒畅，有时甚至超出了他们的生活水平。弗龙堡大教堂教长兼圣徒首脑驻瓦尔米亚全权代表伯纳德·斯库尔泰蒂神甫在寄给哥白尼舅舅的一封信中写道："哥白尼兄弟俩都欠债。"虽然他们曾经从弗龙堡神甫会得到过一笔不小的款子，并且还从舅舅那里拿到45马克。当瓦尔米亚神甫会的秘书耶日·普兰格途经博洛尼亚时，哥白尼兄弟俩都想办法向他借钱。安杰伊甚至威胁说，如果实在没有钱，他就采取为外国人服务的办法挣钱。后来斯库尔泰蒂从罗马的一家银行里为他们借到了利息很高的100个杜卡特，但这笔钱也没用多久。一个月后斯库尔泰蒂在寄给哥白尼舅舅的一封信中写道："您的外甥们完全像普通大学生一样，忍受着长期缺钱的痛苦。"哥白尼兄弟俩作为外国人在博洛尼亚

是不能过分胡来的，因为市政当局对来自阿尔卑斯山以北地区的人会特别关注。

哥白尼兄弟俩作为法律系学生并没有任何特殊的地方，都是按规定进行学习，并且通过了各种必需的考试。无论在教会法规方面，还是在以罗马法律为基础的世俗法律方面，他们都达到了最高水平。在博洛尼亚学习期间，哥白尼学到的法律知识，对他后来作为瓦尔米亚行政官员从事公务活动和国务活动都有很大益处。哥白尼在博洛尼亚

知识链接

文艺复兴

文艺复兴是指14世纪中叶在意大利各城市兴起，以后扩展到西欧各国，于16世纪在欧洲盛行的一场思想文化运动，带来一段科学与艺术革命时期，揭开了近代欧洲历史的序幕，被认为是中古时代和近代的分界。马克思主义史学家认为是封建主义时代和资本主义时代的分界。14世纪中叶，在意大利商业发达的城市，新兴的资产阶级中的一些先进的知识分子借助研究古希腊、古罗马艺术文化，通过文艺创作，宣传人文精神。

除了学到许多法律知识以外，还学会了希腊语。他能学好希腊语，在很大程度上要感谢被称为"乞丐"的安东尼·乌尔塞乌斯。正是安东尼·乌尔塞乌斯点燃了哥白尼对整个希腊古典文学的巨大热情，其中最使哥白尼着迷的是欧几里得和阿基米德这样一些希腊学者的著作。

哥白尼兄弟俩终于等来了一笔相当可观的钱款，然而，当他们得知这笔钱不是供他们继续学习的费用，而是他们返回弗龙堡神甫会的路费时，他们感到惊讶和失望。即使这样，他们的学习也还是拖长了一年，因为原准备让他们在博洛尼亚学习三年。在1501年7月28日，哥白尼兄弟俩回到了弗龙堡神甫会，但他们心里仍然期待能再次获得继续学习的休假机会。经神甫会研究，认为安杰伊比较适于继续学习，于是为他延长了用于学习的休假时间。最后哥白尼靠舅舅的帮忙，也得到神甫会许可，再去学习两年医学，但附有一个条件，那就是学完后要担任主教和弗龙堡神甫会神甫的专职医生。

哥白尼在国内作短暂逗留以后，又踏上了他熟悉的通往意大利的道路。要学医，本来到国内的克拉科夫也可以，但哥白尼十分热爱充满阳光的意大利和意大利的文化。他喜欢在人文主义的发源地获取知识。他选择了当时欧洲最著名的帕多瓦大学就读，许多著名医学专家在这所大学任教。法国蒙彼利埃大学从13世纪起在欧洲也享有类似的声誉，但当时学医的学生大多还是愿意到意大利去，向往这个人文主义的发源地。哥白尼兄弟俩相互做伴几年之后，此次在意大利开始分道扬镳，哥白尼前往帕多瓦，而安杰伊则直奔罗马。

帕多瓦属于威尼斯共和国。当时威尼斯共和国是一个强国，在政治和外交方面都有举足轻重的地位。这里经济相当繁荣，做生意致富的市民也有了献身艺术的愿望，这就为文化发展提供了良好的条件。帕多瓦大学创建于13世纪，略晚于博洛尼亚大学。帕多瓦大学没有单设的医学系，只是在人文学系中有一个医学专业，所以哥白尼必须在人文学系进行注册登记。该系的系主任是庞波尼乌斯，他新著的《论灵魂的不朽性》影响很大。他要求赋予学者以研究宗教教义的权力，这在当时来说，可谓非常大胆的主张。这位系主任的观点十分符合哥白尼的想法。在这种气氛中，哥白尼能公开发展自己的爱好，并大胆地创立和发展自己的学术理论。

帕多瓦大学每年都进行一次人体解剖示范，借以讲解盖伦的理论。解剖课在专门的解剖楼进行。解剖楼由几名贫穷的学生管理，他们通过这种办法挣钱来维持自己的生活和学习。医学专业的学生都要出钱用作维护这座解剖楼的费用。大学校长有义务在每年二月份以前，按时向解剖楼提供男尸和女尸。大学生只有在入学后的第三学期，也就是获得足够的理论知识以后，才能上解剖课。尸体解剖由专门的外科医生进行，一名普通教授在旁边朗读解剖学教科书上的内容，而另一名高级教授负责讲解。

帕多瓦大学的医学专业有八名教授，其中不少是很有名望的学者。学制为三年，学习内容包括在著名医生指导下进行实习，然后是考试和毕业答辩，并根据考试和答辩成绩颁发毕业文凭。哥白尼并没有获得毕业文凭。他广泛地阅读了几个世纪以前的和当代的医学著作，并且把书本上学到的知识同自己在医院的观察进行了认真的比较。为了争取实践课考试及格，必须当一名实习生并在医院里实习一段时间。当时哥白尼使用过的医学课本保存下来了，在这些课本上哥白尼写了不少批注，记录他当时的意见和看法。起初他不加批判地接受别人传授的药方，但他后来通过医疗实践对这些药方进行筛选，进而得出了自己的结论。哥白尼在医学书的白边上记录的话，不仅有各种有趣的医学知识和其他各方面情况，也有他本人的批评和看法，譬如其中有这样一段话："这要么是假的，要么是从未发生过的事，所以不能相信它是对的。"

※ 哥白尼绘制的宇宙图

哥白尼虽然在天文学方面实现了伟大革命，但他在其他领域却并没有突出成就。作为天文学家的哥白尼远远超过了作为一名医生的哥白尼，尽管当时人们说他在医学方面也取得了很大成就。

学习古典文学大师的著作成为当时一种普遍的时髦现象，哥白尼也卷入了这股潮流。通过阅读古典书籍，他的拉丁语知识更加丰富，也提高了拉丁语水平。人们对古典文学和古代艺术的追求，对希腊文学的兴趣也空前高涨起来。学会希腊语能给人增添许多光彩，并得到周围人的敬重。当时认为，最理想的是掌握三种古典语言：拉丁语、希腊语和希伯来语。哥白尼花费许多时间学习古希腊语，学习了希腊文学和希腊科学。他对菲洛拉奥斯和塞莫斯的阿里斯塔克的著作特别感兴趣，因为这些著作动摇了教会从公元2世纪以来一直承认和支持的托勒密的地球中心说。

在学习医学和语言时期，哥白尼还必须准备在费拉拉就读的法学博士考试。为什么哥白尼不在就读的帕多瓦或博洛尼亚大学攻读他的博士学位呢？哥白尼之所以选择费拉拉，是为了在举办仪式方面省去那些过多的开销，因为在费拉拉举办仪式的费用要比在帕多瓦和博洛尼亚低一些。在费拉拉熟人少，而在这种场合熟人是必须要宴请的。1503年5月31日，哥白尼参加了他一生中的最后一次考试。他首先宣读博士论文，然后从自己的科学监护人、学位授予人安东尼厄斯·莱夫图斯教授手中接过一本书，表示要把所学的知识永远铭记在心中。然后，学位授予人将这本书打开，以示考生迄今所学的知识是不够的，应该继续深入学习，以丰富所学知识。紧接着给哥白尼戴上一顶博士四角帽，同时把一枚象征思想和行为纯洁的金戒指戴到哥白尼的手指上。最后一项是象征和平与和睦的亲吻。考试委员会主席一般是由担任助理教务职位的主教担任，他用最庄重的语言对毕业文凭给予肯定。

哥白尼的这段学习生涯以获得教会法博士学位而宣告结束，这样他就履行了享受弗龙堡神甫会助学金所承担的义务。接受学位的仪式结束后，哥白尼返回帕多瓦继续学习医学。这时他有更多的时间用于医学、天文学和语言的学习，再也不用为学习法律而分心了。他可以更深入地钻研古代哲学家和天文学家的论著，更深入地推敲他们提出的观点。他亲手记下的一段笔记表明，他当时距自己天才的发现已经很近了。他的笔记中这样写道："菲洛拉奥斯承认地球是动的，听人说，塞莫斯的阿里斯塔克也有这种看法……这是可信的。……但是，这种事情，只有敏锐的天才经过长期研究才有可能解决，因此……当时懂得行星运动理论的哲学家为数极少，多数人都隐藏起来了。如果说菲洛拉奥斯或毕达哥拉斯的某位信徒明白这一点，那他大概也没有向后人传播这种观点。因为毕达哥拉斯的信徒们遵守这样一条原则，即不通过书籍传播，也不向所有人说明这一哲学的全部秘密，仅仅透露给知心的朋友和亲人。"在哥白尼生活时期也一样，对这种观点的小心谨慎态度是必要的，因为这种观点是违背教会权威所支持的固定不变的世界观。在意大利学习期间，哥白尼耳闻目睹了公然冒犯教会学说的下场，这使哥白尼十分清楚自己发表不同理论可能带来的后果。他作为一个热爱生活的人，不想和那些遭难的人走一条路。另外，他还需要收集任凭谁也推翻不了的无可辩驳的证据和论据。而这需要时间，需要进行许多枯燥的研究工作。

在意大利生活期间，哥白尼进行了大量枯燥的计算，反复核算了各种历法。出于编制历法的需要，查找并记录了大量天文材料。在克拉科夫大学学习时期，哥白尼已经掌握了计算时间和推算日历的繁琐技术。在意大利大学学习期间，随着数学知识的增长，他进一步完善了自己的计算技术。哥白尼还必须了解埃及和中国的历法，其次是巴比伦学者，随后希腊人和埃及人也开始对星体发生兴趣。巴比伦人计算了行星运行中不同时期所用的时间，并把黄道带划分为黄道宫，对星体进行编组，发明了早期的天文仪器。埃及人把一昼夜划分为24小时，确定了一年的长度，提出了各月份的名称，并发明了计算时间用的滴漏。希腊人吸取了埃及人的经验，却不赞成他们有关太阳在行星中起中心作用的理论，也忽视了埃及人的一个观察结果，即金星和水星是围绕太阳旋转的。哥白尼在学习天文学历史时，没发现这些不一致甚至前后矛盾的现象。巴比伦的教士早就指出过：是太阳的力量使行星悬在空中不停地运动，并且影响着一年的四季变化和天气变化。公元前5世纪的希腊哲学家阿纳克萨戈拉也有过许多重要的天文学发现。

阿纳克萨戈拉曾经得出结论：月亮是被太阳照亮的一个黑暗的固有实体。对月食的解释也要归功于他。阿里斯塔克的著作曾经使哥白

※哥白尼宇宙体系示意图

尼着迷，而正是这位阿里斯塔克说过，地球可能是围绕自己的轴心和太阳旋转的。巴比伦人塞洛伊科斯则认为，这两种运动都是被证明过的，是肯定的。这些最古老的理论要比此后直到哥白尼时代人们得出的所有理论都更加接近真理。然而，这些观点却被托勒密推翻了，他"定住了地球，转动了太阳"。他生活在公元2世纪，居住在亚历山大，是一位博学的天才，并掌握了十分丰富的百科知识。他在《伟大论》一书中阐述了自己的天文学理论。他在这本书中指出，天是球形的，而且是运动着的，而地球也是球体，却是不动的，地球悬挂在天的中心，太阳和行星都围绕地球旋转。托勒密的理论，作为符合圣经

的理论，得到教会的支持，最后成为法定学说。任何人违背这一学说都可能引起最高宗教当局的暴怒。

在克拉科夫大学学习时，在沃伊切赫老师的指导下，哥白尼已经广泛地阅读了托勒密的著作。在那时他就发现当时的天文学理论存在许多矛盾和问题。当时他已经开始对亚历山大这位学者的正确性产生怀疑。后来，在博洛尼亚学习时，特别是在与诺瓦拉合作期间，哥白尼进一步深化了自己的这种看法。托勒密时代开始以来，先后有许多学者试图推翻他的学说，但在国际舆论方面，任何人也没有达到这一目的。中世纪阿拉伯学者和犹太学者也对托勒密的理论产生了怀疑。15世纪，库扎的尼古拉写道："我们已经清楚，我们的地球也在动，虽然这是感觉不到的，只有同恒星作比较才能发现。"在另外一个地方他又写道："地球围绕自己的轴心，由东向西，24小时旋转一周。此外，它还围绕一个和前一个轴心相垂直的轴线旋转。同样，星空和太阳也很驯服，各自作着两种运动。"15世纪，作为哥白尼直接先驱的最杰出的天文学家有：约翰·米勒·列告蒙坦、耶日·普尔巴赫、沃伊切赫，还有哥白尼的老师马里亚·迪诺瓦拉。当时他们都

是天文学领域的创新者。他们找到了计算时间的准确方法，从而把天空变成了一只完美的表。以天体运动为基础，通过自己的观察来确定时间。在人类设计出带秒针的机械表以前，他们的"天文钟"是最精确的。

普尔巴赫的学生约翰·米勒·列告蒙坦是天文学界的一位才子，11岁进入莱比锡大学学习。列告蒙坦15岁时当了腓特烈三世皇帝的宫廷占星学家，许多国务活动家都采信他提出的占星学意见。他在纽伦堡辛勤地工作了许多年，非常精确地绘制了行星的日常位置图。迪亚士、哥伦布以及达·伽马利用

这些图表才得以安全远航。

马里亚·迪诺瓦拉把列告蒙坦看成是自己的老师。他特别强调实验和观测的重要性，他像克拉科夫大学的沃伊切赫老师一样，帮助哥白尼确立了这样一种信念，即必须对原有的理论进行筛选，不能轻易相信任何学说。哥白尼同马里亚·迪诺瓦拉老师一道进行了天文观测，这些观测使他更加相信太阳中心说的正确。

哥白尼在离开祖国近七年之后，于1503年秋天回到波兰。正值波兰国王齐格蒙特统治时代的前夜，哥白尼回到了波兰，并成为波兰复兴的黄金时代的最大骄子。

※仰望星空的哥白尼

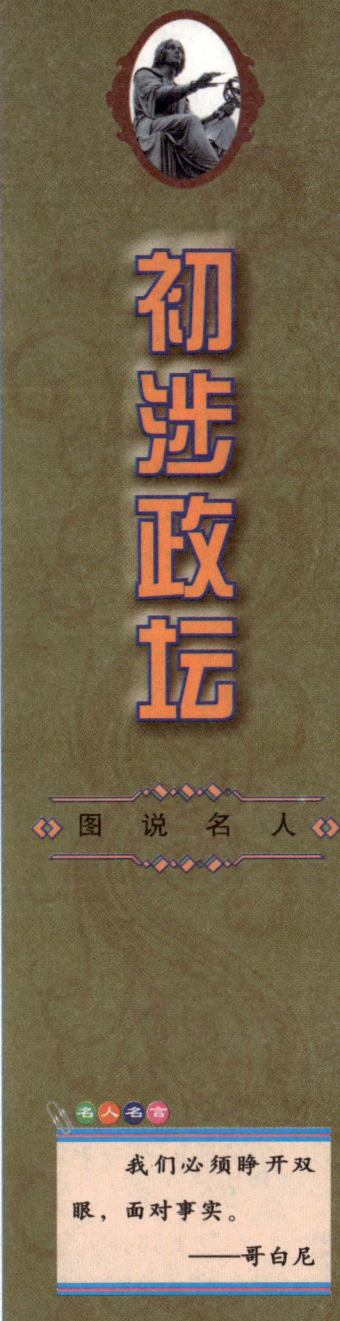

家乡行医

公元1506年秋，瓦尔米亚的神甫、教会法博士尼古拉·哥白尼回到了弗龙堡神甫会。差不多在同一时期，哥白尼的哥哥安杰伊也带着博士学位从罗马回到波兰。兄弟俩把自己在国外的学习情况向神甫会做了详细汇报，并出示证据说明作为享受助学金者自己履行学习义务的情况。不久，他们又到利兹巴克拜访了担任瓦尔米亚主教的舅舅，对舅舅多年的关心和帮助表示了衷心感谢。现在他们已经是能够完全自立的人了，他们的物质生活条件不错。担任神职的收入，不仅可以满足各种生活需要和正当的娱乐需求，还能有些积蓄。为了向慷慨的舅舅表示感谢之情，他们知道应该还债了。瓦兹洛德舅舅需要的并不是钱，而是信得过、忠诚和富有才智的顾问。舅舅的选择目光从一开始就落到了哥白尼身上。舅舅对哥白尼的评价比较高，很信任他。

乌卡什·瓦兹洛德主教向弗龙堡神甫会提出自己的希望，希望解除他在主教区首府坐班办公的义务，并要求任命尼古拉·哥白尼担任他的随从神甫和医生。1507年1月，神甫会通过了有关哥白尼薪俸的决定，因负责主教的健康，他每年可领取15个格利夫那。哥白尼不仅是舅舅的保健医生，同时也是舅舅的秘书、顾问和心腹。舅舅时常把最复杂和最棘手的问题交给他去处理。为瓦尔米亚主教这样高贵的人物担任保健医生，使哥白尼成了王属普鲁士地区最有名气的医生之一。他乐意为所有患者治病，不管其贫富和门第如何。他关心穷人的疾苦，免费为他们看病，有时甚至主动送药给他们。与此同时，也有许多知名人物慕名到哥白尼这里求医。哥白尼作为一名医生的声望已经超出瓦尔米亚地区，甚至也超出了王属普鲁士的疆界。他多次被请到格但斯克和奥尔什丁去给人看病。各式各样的名人、权贵不止一次地向神甫会提出请求，愿意聘用这位医术高超的医生。十字骑士团的前大首领也请哥白尼治过病。哥白尼临终前不久，普鲁士大公阿尔布雷希特一直接受哥白尼的治疗。

在行医期间，哥白尼不断充实自己的医学知识，从他购买的医学书籍中可以看到这一点。17世纪20年代瑞典和波兰战争期间，根据瑞典国王古斯塔夫·阿道尔夫的命令，瑞典人从弗龙堡劫走了哥白尼的大部分医学藏书。哥白尼虽然对医学理论有很大兴趣，但他自己却从来没有撰写过医学论文。留下来的仅仅是他亲手批注和记有一些药方的医学书籍。作为一名医生，哥白尼没有超越他所处时代的限制，他吸收的不仅是当时医学的发展成果，也接受了一些古老的迷信说法。

舅舅乌卡什·瓦兹洛德需要哥白尼做他的医生，但首先是做他的顾问和同事。乌卡什主教是一位有学问的人，同时还是一位成熟的和富有热情的政治家。哥白尼留学回来时，普鲁士的政治局势十分复杂，在这种情况下，瓦尔米亚主教区管理人的处境就更加艰难，他管理的地区对波兰来说无论从经济角度看，还是从战略角度看都是很重要的。

哥白尼回来的时候，瓦尔米亚正处于困难时期。一直觊觎瓦尔米亚的十字骑士团正在寻找机会，企图把它据为己有。当时在瓦尔米亚内部，问题也很复杂。在这种情况下，哥白尼没有太多时间安静地从事科学研究工作，他必须为舅舅出谋划策，帮助舅舅解决各种棘手的政治问题、法律问题和经济问题。

瓦尔米亚原是普鲁士的一部分，反对十字骑士团的13年战争结束后，根据《托伦和约》于1466年并入波兰。这个地区被称为王属普鲁士，因它直接受波兰国王管辖。它同普鲁士的东部地区不同，东部地区先被称作十字骑士团普鲁士，后称为普鲁士公国，并成为波兰的

封地。此后在这块封地上又建立起了一个强大的普鲁士王国。王属普鲁士包括从前的格但斯克沿海区，还包括托伦在内的海乌姆诺地区，以及包括马尔堡和埃尔布隆格在内的维斯瓦河东部流域。在1466年并入波兰以后，该地区仿照波兰的区划分为三个省：沿海省、海乌姆诺省和马尔堡省。但瓦尔米亚仍是一个独特的行政单位，它是普鲁士最大的主教区。王属普鲁士地区的总面积约为2.39万平方千米，其中瓦尔米亚约占4250平方千米。

在哥白尼生活时期，这些地区仍保留有十字骑士团统治的明显痕迹。玛佐夫舍的康拉德大公为了在不信基督教的普鲁士人中推行基督教，在1226年把十字骑士团引进海乌姆诺地区。十字骑士团建立了自己的国家，并成为波兰的危险敌人。14世纪，十字骑士团从波兰手中夺走了格但斯克沿海区和库雅维的一部分，并不断对波兰进行武装袭击，通过欺骗和暴力手段建立了一个强大的军事化国家。它把自己征服的地区划分为四个主教区：波梅扎尼亚主教区、瓦尔米亚主教区、桑比亚主教区和海乌姆诺主教区。四位主教中的每位主教只掌管主教区的三分之一地区，而其余地区归骑士团所有，主教的权利也只

是宗教性质的。瓦尔米亚主教区的情况正是这样，只有主教区的一部分归主教掌管，而这一部分又做了进一步的划分：主教本人管辖三分之二，其余的三分之一由神甫会管辖。瓦尔米亚神甫会是在1260年成立的，从1279年起就不受世俗裁判和主教裁判权的约束，并且被免除了各种兵役、劳役和其他负担。因为神甫会对其管辖地区的权利和主教对其管辖区的权利一样，因此瓦尔米亚主教和神甫会之间不止一次发生有关职权范围的争执。骑士团的武装魔爪不仅笼罩着宗教事务，也笼罩着普鲁士的各个城镇。

瓦尔米亚的神甫们总是用羡慕的眼光看着波兰，那里的自由正在不断扩大，国王赋予教会很多特权，也关心各城镇的情形。瓦尔米亚的神甫和他们的主教渴望获得教会在波兰所享有的自由。早在十字骑士团统治时期，他们就渴望获得自己选举瓦尔米亚主教和安排神甫会人选的权利，而骑士团则希望取缔瓦尔米亚主教们的特殊地位，使他们完全听命于自己。正是在这种情况下，骑士团的骑士们和瓦尔米亚的主教以及神甫会之间不断发生冲突。因此神甫会对骑士团不满，而随着时间的推移，甚至产生了敌对情绪。在格伦瓦尔德战役期间，

瓦尔米亚神甫会自愿把堡垒交给了波兰军队。在56年之后，瓦尔米亚才加入波兰，而这期间十字骑士团加强了对这一地区的统治，而这激起了瓦尔米亚居民和神职人员日益强烈的仇恨。十字骑士团的过分剥削和压榨在利兹巴克、弗龙堡、奥尔什丁和许多其他城市引起动乱，在农村也出现了骚动。这种形势对神甫会产生了影响，迫使它加入了反十字骑士团的普鲁士联盟。在1454年5月28日，瓦尔米亚神甫会向波兰国王卡齐米日·雅盖隆奇克进贡，并宣誓效忠波兰国王。在13年战争期间它和波兰军队联合行动，从十字骑士团的奴役下解放了普鲁士。根据结束13年战争的《托伦和约》，1466年，瓦尔米亚正式同波兰本土合并。

当哥白尼来到舅舅身边时，正是这位雄心勃勃的地区管理人不顺利的时候。瓦尔米亚像一座半岛一样，三面被十字骑士团国家所包围。而来自十字骑士团的威胁明显加剧了，骑士团的大首领弗里德里希·萨斯基破坏《托伦和约》的规定，拒绝再向波兰统治者宣誓效忠，并要求把王属普鲁士并入骑士团领地。在这期间，罗马—德意志国王，即后来的皇帝马克西米连一世也企图把格但斯克和埃尔布隆格

的司法权和税收权交给德意志帝国掌管。

普鲁士的内部形势动荡不安，公共秩序很乱，行政管理杂乱无章，政权软弱无力，出现了普遍的社会危机。波兰货币和普鲁士货币之间的比价没有正式确定，这影响了经济发展，导致市场紊乱。更有甚者，十字骑士团大首领仿效其他统治者，开始制造假货币，将含金量不足的货币投放市场，排挤了格但斯克和托伦制造的正规货币。国王扬·奥尔布拉希特原想在普鲁士实行改革，但他在1501年时早逝，结束了短暂的统治，未能来得及实施自己的想法。他的兄弟——王位继承人亚历山大·雅盖隆奇克也有类似愿望。普鲁士各界因担心派驻当地的钦差大臣的权限会进一步扩大，也期望改革。正是在这种情况下，普鲁士各界和瓦兹洛德主教拒绝向新登基的国王宣誓效忠，他们要求新国王亲自到普鲁士去改革内部关系。与国王的谈判一直延续到1504年。

从1503年起，哥白尼亲自经历和目睹了这一切。

最后几年，瓦兹洛德主教的态度和他所处的形势不断发生变化。1489年，与国王卡齐米日·雅盖隆奇克的愿望相反，瓦兹洛德在主教

区首府弗龙堡就任瓦尔米亚主教，后来他把官邸设在利兹巴克。国王一直在寻找机会除掉他所不喜欢的这位主教，然而瓦兹洛德是一位很精明的政治家，他从不给国王以任何可乘之机。他推行的政策也是符合波兰和波兰统治者利益的。他继承了自己家族反抗十字骑士团的

传统，这使十字骑士团对他十分痛恨。为了向他报复，十字骑士团在罗马教廷对他进行诬陷，从此切断了他向更高一级神职晋升的道路。

瓦兹洛德主教和波兰国王之间的不和一直持续到国王去世才得以结束。主教的朋友扬·奥尔布拉希特的短暂统治以及他想把十字骑士团转移到波多朵耶去的主张的破灭，导致瓦兹洛德改变了政策。扬·奥尔布拉希特在世时，当摩尔达维亚远征失败之后，瓦兹洛德就偷偷地同十字骑士团开始谈判。他甚至假装支持大首领弗里德里希·萨斯基大公的这种愿望，即通过外交途径摆脱作为波兰领地的地位并恢复对王属普鲁士的统治。他想借助十字骑士团，在十字骑士团的庇护下，在自己教区进行改革；而十字骑士团则必须支持他争取晋升红衣主教的努力。与此同时，他还不想同波兰脱离关系，所以还得继续唱反对十字骑士团的调子。但十字骑士团一直把瓦兹洛德主教看成他们的仇敌。瓦兹洛德主教同卡利马赫一道提出的把十字骑士团引诱到波多利耶的想法，是骑士团不肯原谅他的主要原因。

我们不知道哥白尼怎样看待主教对十字骑士团态度的变化，但从哥白尼后来的言行可以看出，他

知识链接

十三年战争

十三年战争发生于1454—1466年，是普鲁士联盟与波兰王国结盟共同对抗十字骑士团国的战争。1454年，普鲁士地区的城市起义和当地贵族争取独立的斗争引发了战争。战争开始后，普鲁士联盟求助于波兰国王卡齐米日四世，并提出条件，同意将普鲁士并入波兰王国。波兰同意支持普鲁士联盟，与骑士团的战争随即爆发。

十三年战争以波兰与普鲁士联盟的胜利而告终，他们与骑士团签订了第二次《托伦和约》（1466年）。随后，教士战争爆发（1467—1469年），这次战争是因为波兰与骑士团关于瓦尔米亚地区独立问题的争执引起的。

没有称赞舅舅的这一行动。哥白尼和舅舅一道参加了反十字骑士团的活动，这使得十字骑士团从哥白尼出现在利兹巴克的头几年就开始注意他。冯·艾森贝格尔在一篇嘲讽瓦尔米亚主教的文章中丝毫也没放过嘲讽主教的这位外甥。普鲁士和瓦尔米亚主教面临如此艰难、复杂和危险的形势，只有波兰国王亚历山大·雅盖隆奇克有能力加以解决。国王加冕已经三年了，普鲁士各界一直期望着他的到来，以便在普鲁士向他宣誓效忠，这样可顺便让他解决一下各种急迫问题。普鲁士各界希望把这次会见搞得尽可能隆重，使国王满意，以便从国王那里争取到尽可能多的东西。而拖延宣誓效忠的仪式，对当事人自己可能是危险的。瓦兹洛德主教在这里起了首要作用。正是在这个时期，哥白尼开始了自己的公务活动，他在舅舅身边了解到有关这些问题的一些秘密。他熟悉了自己开展活动的地区，知晓了这个地区存在的问题，也懂得了怎样运用自己在大学所学到的知识。波兰贵族议会制的发展，要求更多地了解法律、行政原则和管理机关的职权范围，以及处理问题的方法。哥白尼在大学学的虽然是教会法，但不仅适用于宗教活动，也有助于处理世俗事务。

1504年的新年，哥白尼是伴随舅舅和神甫扬·斯库尔泰蒂在一起度过的，他们参加了在马尔堡市政厅举行的普鲁士各界代表会议。随后的两个月，哥白尼参加了紧张的迎接国王的筹备工作。当时整个普鲁士，甚至整个波兰都注视着哥白尼的故乡——托伦，因为国王来访的主要仪式都在那里举行。1504年3月21日，瓦兹洛德主教从利兹巴克来到托伦，哥白尼为督办筹备工作提前到达托伦。国王亚历山大·雅盖隆奇克偕夫人——海莱娜王后于4月2日来到托伦。

随后，国王用两个月时间巡视了王属普鲁士，并接受居民的贡礼。哥白尼参与了国王的全部巡视活动。5月12日，国王和王后的巡视开始。巡视路线经马尔堡到埃尔布隆格。国王和王后出游六天后抵达埃尔布隆格。这支前呼后拥的大队伍行动缓慢，受到沿途居民的热烈欢迎。在埃尔布隆格举行了盛大的欢迎仪式，市议会和全体居民一道迎接国王。哥白尼来到埃尔布隆格后不得不处理一些其他事务。5月20日，哥白尼和瓦尔米亚主教办事处主任帕维尔·多伊泰瓦尔德一起参与审理了埃尔布隆格市民菲利普·霍尔凯内尔和妻子卡塔日娜的案件，这次审判在古城圣尼古拉

教堂举行。哥白尼作为教会法律专家，是这次审判活动中的权威人物，扮演了法官和顾问的角色。第二天他同舅舅一起去格但斯克，目睹了6月2日市民向国王进贡的情景。这一期间，哥白尼同主教一起去了马尔堡城堡，并参加了6月11日至7月2日在那里举行的会议。国王向普鲁士议会提出了向普鲁士派遣一名王国常驻代表的问题。会谈结果决定派谢拉兹省长安布罗斯·帕姆波夫斯基担任这一职务，同时也兼任马尔堡执政官。这个常驻代表不是由王国直接派来的，而是由其他地区的人出任，这可能是激烈地讨价还价的结果。

伴随国王和一些杰出的政治家巡视王属普鲁士，哥白尼有机会直接接触该地区的最重大问题，并了解它们的解决办法。这三个月，哥白尼了解到王属普鲁士的重要法律和制度情况，也明确了全国的利益所在。这使他认识到同波兰保持和加强不可动摇的联系是重要的，而且是必要的。从普鲁士最大城市居民的进贡活动中，哥白尼看到了波兰国王的威望。1504年底，哥白尼参加了普鲁士各界代表大会和其他各种会议，这些会议讨论了国王的访问结果，并且制订了今后的政策和行动方针。从此之后，哥白尼多次参加此类会议，成了普鲁士各地区和各城镇代表之间讨论和争吵的见证人。

涉足政坛

在陪同国王巡视王属普鲁士期间，哥白尼不得不在整顿普鲁士的内部秩序上花费精力，主要是解决有关行政、司法和治安方面的问题。瓦尔米亚主教对普鲁士内政有着决定性的影响，而作为主教助手的哥白尼，也拥有很大发言权。1506年8月20日至9月25日，普鲁士各界在马尔堡举行了一次重要的代表大会，以安杰伊·鲁扎·博雷绍夫斯基为首的钦差大臣们参加了大会。哥白尼不仅参加了这次大会，还参加了大会的筹备工作。通过这次代表大会，哥白尼不仅了解到该地区的各种关键问题，也了解到普鲁士贵族、各城市以及神职人员之间的利害冲突。他亲身感受到十字骑士团对瓦尔米亚怀有野心。他亲眼看到，一方面是各界之间在无休止地争吵；另一方面是狡诈的十字骑士团正伺机反扑，企图再次夺回半个世纪前摆脱了他们统治的地区。

除了处理公事以外，哥白尼还要帮舅舅处理私事。他成功地调解了瓦尔米亚主教和格但斯克市民之间的冲突。这场冲突是因为一块封地而引起的。这块土地位于埃尔布隆格地区的维斯瓦河三角洲上，是一块沉积土地，土质非常肥沃。1457年，波兰国王卡齐米日·雅盖隆奇克将这块沃土当作抵押品租给了格但斯克市民。而1505年国王又把这块土地赠给了瓦兹洛德主教，这就引起了矛盾。主教想用很少的代价把这块土地赎买回来，而格但斯克市议会却不想出卖这块有利可图的财产，于是矛盾就尖锐起来。一向容不得反对意见的瓦兹洛德主教为此大发雷霆，他把钦差大臣们找来，请他们帮忙，共同商讨对策。为解决这个问题，还专门成立了一个委员会，哥白尼作为神甫会的代表参加了该委员会的工作。

之后，亚历山大·雅盖隆奇克国王的死，在普鲁士和利兹巴克官府引起了不小的混乱。普鲁士各界深感失去了一位可信赖的统治者，而对瓦尔米亚主教来说则失掉了一位从青年时代起就要好的朋友。无法预料新的王位继承人会如何行事，是否会承认和赞成普鲁士地区所享有的各种自由。1506年12月8日，齐格蒙特·斯塔雷被选为新国王。普鲁士各界派往彼得库夫的使团没能赶上国王的选举仪式，于是又前往克拉科夫，参加新国王的加冕仪式。这个使团由瓦尔米亚主教率领，在圣诞节前夕出席了在瓦维尔大教堂举行的加冕仪式。哥白尼也跟随舅舅参加了这次活动，如果不是作为瓦尔米亚神甫会代表的话，就是作为主教的随行医生。哥白尼和舅舅一道在克拉科夫逗留了两个多月。从上大学以来，哥白尼已三次经历并亲眼看见了国王的加冕仪式。这次他顺便游览了繁华的克拉科夫，访问了大学，见到了大学时期的老朋友和熟人，也结识了新的朋友。

齐格蒙特·斯塔雷的登基，揭开了波兰历史的新篇章，这个时期国家出现了空前的昌盛局面，经济和文化呈现出一派繁华景象。卡齐米日·维尔基国王及其继承者们所付出的努力在这个时期结出了丰硕的果实。齐格蒙特·斯塔雷是卡齐米日·雅盖隆奇克王子中最后一个登上波兰王位的。无论是国王还是王后都酷爱艺术，因此人们把国王伉俪称作"王位上的人文主义者"。

文艺复兴时期的文化、科学和艺术在整个波兰传播开去，并且在一些杰出的艺术品、文学作品和典型建筑中得到了充分体现，这些优秀作品至今令我们叹为观止。在舅舅身边工作，使哥白尼得到了不少从事行政工作的经验，遇事能够独立提出自己的见解。哥白尼的工作深得弗龙堡神甫会的赞赏，神甫会让他担任了各种职务。作为神甫会的视察员，他曾负责财政监督工作，对神甫会的全部财产和各种财政事务进行监督。从1510年起，哥白尼担任瓦尔米亚神甫会办公厅主任的高级职务，还负责食品供应处工作。这时期，哥白尼常常奔波于利兹巴克－弗龙堡－奥尔什丁－马尔堡这条线上。

哥白尼所做的旨在保障普鲁士内部安全的努力，主要是对付十分猖獗的强盗集团。然而，这些强盗集团是受十字骑士团支持的，这就造成了王属普鲁士和十字骑士团的紧张关系，矛盾日益尖锐。哥白尼还参与了波兰巩固国防的工作，当时波兰正面临鞑靼人入侵的威胁。在举行加冕典礼期间，国王齐格蒙

知识链接

普鲁士

普鲁士是欧洲历史地名，位于德意志北部，一般指17世纪至19世纪间的普鲁士王国。是德意志境内最强大的邦国。19世纪通过三次王朝战争统一了德意志，1871年在普法战争中击败了法国，威廉一世在凡尔赛宫加冕成为德意志帝国皇帝。它是一个强大的军事帝国，在短短二百年内崛起并统一德国，建立了德意志第二帝国。所以普鲁士有时也是德国近代精神、文化的代名词，同时也是德国专制主义与军国主义的来源。

特·斯塔雷就曾要求普鲁士各界出钱，以便加强波兰的国防，抵御外来侵略。国王说的外来侵略首先就是指鞑靼人的进攻。在1507年6月初，普鲁士各界在格鲁琼兹召开代表会议，会议通过了有关为共和国缴纳国防税的决议，但收税工作却进行得非常缓慢。为此，1507年9月1日在埃尔布隆格又举行了新的代表会议，再次讨论了税收问题和内部安全问题。哥白尼和舅舅，以及弗龙堡的神甫安杰伊·克莱茨一起参加了埃尔布隆格会议。马尔堡执政官安布罗斯·帕姆波夫斯基在会上向普鲁士各位议员提出，必须改进国防税的收缴工作。关于内政问题，讨论得最多的是如何与得到邻国——骑士团普鲁士支持和纵容的强盗集团进行斗争的问题。瓦尔米亚主教特别强烈地谴责了强盗及其披着教士外衣、带着黑十字的庇护者们。根据瓦兹洛德主教的建议，代表会议通过了致骑士团骑士和骑士团国家两座最大城市——克鲁莱维茨和巴尔什托什采的几封信，信中呼吁他们不要援助强盗。哥白尼从这里又一次看到，不断伤害波兰的骑士团的存在对他的国家构成了怎样巨大的危险。

通过参加瓦维尔宫的各种仪式，以及参加在彼得库夫——特雷

布纳尔斯基举行的议会会议，哥白尼对全国性的事务有了更深入的了解。哥白尼也看到普鲁士议员们从地方利益出发所表现出的抵触情绪，他们反对统一普鲁士地区和王国本土的货币，因为普鲁士货币的汇率较高。他们也反对让安布罗斯·帕姆波夫斯基作普鲁士最高法官的候选人。但是，在恪守1466年《托伦和约》有关王属普鲁士同波兰合并的决议方面，没有任何异议。在更好地保卫自己的疆土和城堡免遭十字骑士团攻击方面，普鲁士议员们同国王的意见是一致的。

十字骑士团的情报机关对哥白尼也产生了兴趣，尤其是哥白尼的一些著作引起了他们的注意。作为一名天文学者，哥白尼熟悉制图工作，并且能绘制地图。舅舅曾吩咐他绘制一张瓦尔米亚和王属普鲁士西部边界的地图，也就是波兰和十字骑士团国家交界地区的地图。在去波兹南参加会议之前，哥白尼还没来得及画完这张地图，但具有远见的舅舅让他把未画完的地图也带上了。因此骑士团的奸细们无论在利兹巴克，还是在弗龙堡，把哥白尼的住处都翻了个遍，也未能找到这张地图。

法比安·泰廷格·卢兹扬斯基和波兰的科希切拉克家族有亲缘关系，他的祖父在13年战争时期曾忠实地为卡齐米日·雅盖隆奇克服务过。法比安的父亲——尼古拉·泰廷格曾经置自己的家庭和个人的性命于不顾，遵照国王的命令保卫雷谢尔城堡。不幸，法比安落入了十字骑士团之手。十字骑士团为了迫使法比安的父亲交出雷谢尔，威胁要杀死法比安。后来，小法比安侥幸逃出了。在博洛尼亚学习时，他遇到了哥白尼。1490年，法比安进入瓦尔米亚神甫会，1512年至1523年担任瓦尔米亚主教。在这个时期法比安和骑士团保持着秘密往来。他的书信表明，他曾向十字骑士团许诺，如果有合适的机会，他将把哥白尼绘制的地图偷来献给大首领。1510年6月11日，法比安写信给等得不耐烦的骑士团大管事说，为了得到地图，他使用了许多办法，搜查了"尼古拉博士的所有房间"，但始终也没有找到，他想，大概是哥白尼"随身带走了，或者锁在箱子里了"。可以想象，法比安搜查了哥白尼在弗龙堡的住处，因为法比安是那里的神甫，并且住在那里。他没有搜查在利兹巴克主教官邸里哥白尼的住处，因为那会引起怀疑。虽然他想了许多办法，但始终没有偷到这张地图。后来，随着事态的发展，他改变了对十字骑士团的态度。哥白尼丝毫也没发现自己的大学同学、现在的亲密同事、一道管理神甫会财产的法比安，竟然和敌对的邻国有着秘密往来，并且一直在监视他的行动。

行政工作十分繁杂，而内政、外交事务也颇费心血，但就在这一片繁忙之中，哥白尼还是找到了从事科学工作和文艺创作的时间。在利兹巴克逗留期间，时间很紧张，但哥白尼正是在这段时间内完成了几年前在博洛尼亚开始的一项翻译工作。他把公元7世纪拜占庭作家泰奥菲拉克特·西莫卡塔的希腊文作品《风俗、田园和爱情信札》翻译成了拉丁文。这是哥白尼的第一部作品，出版于1509年，出版者是克拉科夫一位有名望的印书人——扬·哈莱尔。这部作品在波兰印刷史上占有重要地位，不仅因为它的译者很出名，也因为它是波兰印刷的从希腊文译成拉丁文的第一部作品。该书出版以后，哥白尼把一个题字的精装本奉献给舅舅，并顺便给舅舅写了一封信，信的内容如下：

尊贵的瓦尔米亚主教乌卡什先生：

最值得尊敬的先生和祖国之父，我深深地感到……那位泰奥菲拉克特·西莫卡塔将自己的风俗资料、乡村通讯和爱情信札收集起来，大概是出于这样一种考虑，即认为没有什么能比多样化更吸引人的了。不同智力的人在不同的事物中得到乐趣，一部分人被严肃的重要事物所迷住，另一部分人则被轻松愉快的事情所吸引；有人接受冷静话语的诱惑，也有人却迷恋于童话故事，真乃各有所好。事情就是这样，轻松和严肃混合在一起，放纵与苛求融为一体，读者才可以从中加以选择，就像在百花园中采摘鲜花一样，每个人都能找到自己最喜爱的。此书包括许多有用的东西，我们不能把它单纯看作普通的书信，应该看作人类生活的规范。这些书信之精彩足以证明这一点。这里所收集的全是最精彩、最丰富的作品。对描写风俗习惯和田园风光的作品，人们一般不会产生疑虑；而描写爱情的作品，虽然从题材上看像是轻松愉快的读物，实际上却是很有分寸的，这些作品其实也应该划归风土人情一类，这就好像医生用来缓解药物苦味的糖一样。因此，认为只有希腊人才能读这本书那是不公道的。懂拉丁文的人对这本书了解得太少，于是我尽力把它译成了拉丁文。最值得尊敬的先生，我向您奉上这个小小的礼物，不成敬意，这和您的恩惠是无

法相提并论的，然而，每当我付出努力或者我的微薄能力取得什么成果时，这一切都应该归功于您。

哥白尼

　　哥白尼希望通过这些言辞表达自己对舅舅的感激之情，感谢他多年来的关怀和帮助。但哥白尼这里过分贬低了自己的能力，他的朋友瓦夫日涅茨·科尔文在为这本信札撰写的序言中高度评价了他的才能。科尔文也注意到了哥白尼的天文学爱好，在序言中他这样写道：

　　"他注视着月亮的迅速运动、注视着太阳和星星，并且描绘它们在巨大天空中的运行轨迹。描绘天空这个杰出、万能的造物的形象以及各种天象形成的原因。最令人惊奇的是他能解释天体运行的规则。"

　　哥白尼还花费很多时间翻译一些700年前的诗歌。

　　哥白尼利用闲暇时间，对天体进行观测。但在利兹巴克生活期间，他可以从事天文爱好的时间是很少的。大约在1507年，他开始撰写第一篇天文学论文。在这篇论文里他勾画出自己学说的雏形。这篇论文的题目是《浅说关于天体运动的假设》。哥白尼在利兹巴克观测了月食，丰富了他多年积累起来的有关星际现象的知识。甚至在克拉科夫逗留期间，他就对1509年6月2日出现的月食作了观测。这对他的理论发展非常重要，因为这次月食同托勒密观察的月食非常相像。这使哥白尼有可能对希腊天文学家的计算加以验证。在哥白尼的一生中仅此一次，以后再也没出现这种观测机会。

　　在最后一段时期，哥白尼同舅舅的关系不大融洽。1510年秋，哥白尼离开利兹巴克，回到自己在弗龙堡的住处，并在那里生活了30多年。1512年1月19日，哥白尼在耶日·冯·德拉韦神甫陪同下在什图姆的城堡会见了舅舅。这是哥白尼最后一次同舅舅会面，因为不久之后瓦兹洛德主教就去世了。主教在温奇查突然患病，而且病得很厉害，3月26日被送回故乡托伦。3月29日为他做了弥撒，并由海乌姆诺主教扬·科诺帕茨基为他举行了临终涂油仪式。当时还派人去请一些最优秀的医生来给他看病，其中也包括哥白尼。但当舅舅的遗体下葬的时候，哥白尼才赶到。乌卡什·瓦兹洛德主教去世时64岁。葬礼于4月2日在瓦尔米亚主教所在地——弗龙堡举行。

发表《浅说》

在哥白尼生活时期，瓦尔米亚主教区的首府弗龙堡，大约有1500名居民。大教堂建在一个高地上，从那里可以俯瞰维斯瓦河入海口的景色。高地周围建有城墙，城墙里边是瓦尔米亚神甫会神甫的住宅。哥白尼花了175个格利夫那从神甫会买下了位于城墙西北角的一座房子。神甫住房、大教堂和要塞是同时建造的。1499年7月3日，仿照城市把塔楼、箭楼和城门划分给各行会负责维护和守卫的做法，神甫会也通过决议，把城墙上的所有塔楼都划分给具体的神甫管理，神甫有义务维护这些塔楼，并使其保持战备状态。这项决定对哥白尼而言具有十分重要的意义，哥白尼很快便把自己的塔楼改装成了天文观测台。

作为瓦尔米亚神甫会的成员，哥白尼必须承担神甫会交给他的许多行政事务。在舅舅身边时，他就接触了神甫会的事务，到弗龙堡长期定居后，需要承担的事务就更多了。在1510年至1516年期间，他担任过许多行政职务，履行过许多行政义务，但并没得到额外报酬。1510年11月8日，神甫会选举哥白尼担任视察员，对神甫会在奥尔什丁和皮耶宁日诺佃户区的财产管理工作进行督察。1511年1月初，哥白尼和自己的同事法比安·卢兹扬斯基一道在奥尔什丁进行了视察，收缴了一部分应上缴神

甫会的钱款带回弗龙堡。从1510年11月到1513年11月，哥白尼担任很高的行政职务——神甫会办公厅主任。根据这项职务的要求，他负责编写给波兰国王和十字骑士团的信件，为各种正式文件加盖印章，监督神甫会的账目。1512年还管理过食品供应，即负责监督各面包厂、啤酒厂和磨坊的工作，以及神甫们日常食品的分配。此外，农村向神甫会缴纳的钱款也由哥白尼来负责接收。由于公正地履行这些义务，1516年11月8日，哥白尼又被选为任期三年的神甫会财产管理人。担任这些行政、经济职务，使哥白尼对经济问题有了实际了解，这对他成为神甫会经济和财政改革者起了重要作用。

舅舅去世不久，哥白尼就接触到选举主教的问题。这不仅对瓦尔米亚主教区和弗龙堡神甫会非常重要，对波兰也具有重要意义。这次选举引起了以国王为首的波兰重要政治势力的关注，也引起十字骑士团及其他邻国和梵蒂冈的关注。国王齐格蒙特·斯塔雷希望能把自己的意中人安插到瓦尔米亚主教的位置上，而神甫会的一些成员则渴望安排自己挑选的人。面对十字骑士团想攫取瓦尔米亚，甚至占领整个王属普鲁士的企图，国王特别希

望瓦尔米亚主教能是一位可信赖的和忠于自己的人。乌卡什·瓦兹洛德主教临终前曾经嘱咐神甫会选举拉法乌莱什钦斯基或扬·奥莱希尼茨基担任主教。这大概是为了对付来自十字骑士团的威胁，因为这两位神甫都出身于波兰本土的富有家庭。然而，神甫会并没有尊重这位已故主教的意愿，在主教去世一周后，于1512年4月5日匆忙地推选法比安·卢兹扬斯基担任主教。选举法比安·卢兹扬斯基也是对国王意愿的迁就，因为卢兹扬斯基的祖辈曾参加过反对十字骑士团的十三年战争，坚定地站在波兰一边。他与骑士团的秘密往来和企图偷窃哥白尼绘制的地图一事，当时还是秘密，除十字骑士团以外，谁也不知道。哥白尼参加了神甫会的这次选举，但他只能服从多数人的意志，对新选出的主教投赞成票。新主教签署了所谓的选举协定，这个协定旨在保证神甫会对政治事务和瓦尔米亚管理问题具有决定性的影响，而这正是推选候选人时提出的要达到的一个目标。他们希望国王很快会接受这一既成事实。第二天，哥白尼和其他神甫们一道在神甫会的会议上签署了给蒂德曼·吉斯的全权证书，授权他到罗马去争得教皇同意此次选举结果。6月1日，神

甫会派扬·斯库尔泰蒂和巴尔撒泽·斯托克菲希就这次选举结果去和国王进行协商。

然而，神甫会的希望落空了。国王齐格蒙特·斯塔雷认为这次选举破坏了他对瓦尔米亚的权利。尽管国王对法比安·卢兹扬斯基有好感，但并不想承认这次未经他允许的选举。可是波兰国王对法比安这个人并没有什么成见，鉴于法比安的祖辈曾对自己的父王卡齐米日·雅盖隆奇克做过贡献，国王已倾向同意瓦尔米亚的这次选举结果，但神甫会必须接受国王提出的一些条件。于是，国王给教皇写了一封关于选举法比安的信。1512年7月6日，王宫的特别委员会与神甫会的两名代表一道起草了一个协定。该协定草案说，当弗龙堡主教职务出现空缺时，神甫会将立刻派特使，把主教去世的消息报告给国王，并向国王提交瓦尔米亚所有神甫的名单。国王将从名单上选出四个合适的人选，然后再由神甫会在这四人中选出一名担任主教。神甫会要向国王报告选举结果，并请求国王把选举结果呈报教皇，以争取教皇的批准。教皇批准后，新当选的主教要宣誓效忠波兰国王。这个协定草案虽然遭到一些神甫的反对，但最终仍然获得了神甫会的批

准。1512年12月6日，神甫会举行仪式，授权安杰伊·克莱茨神甫和扬·斯库尔泰蒂神甫到彼得库夫的议会继续与国王进行谈判。神甫会的使节竭力缓和协定中提出的条件，并一直为此争取到最后一刻，但国王的态度却更加坚决，一直不肯退让。12月7日，签署了有关瓦尔米亚主教选举的协定，这个协定在历史上被称为《彼得库夫协定》，250年来它一直是波兰国王处理弗龙堡主教选举问题的基础。圣诞节的第二天，神甫会批准了这项协定。哥白尼参加了这次神甫会会议。按照《彼得库夫协定》的规定，法比安主教宣誓效忠波兰国王。

在和骑士团的冲突不断加剧的形势下，波兰国王承担了保障瓦尔米亚安全的重要义务。从1511年起，阿尔布雷希特·霍亨索伦就一直担任骑士团的大首领。他是波兰国王齐格蒙特·斯塔雷的外甥，却与哈普斯堡人一道推行反对波兰的政策，不择手段地破坏《托伦和约》的规定，并企图侵吞整个王属普鲁士。从1515年起，受骑士团国家支持的匪徒和强盗就日益频繁地穿越边界，从骑士团国家窜到瓦尔米亚，对瓦尔米亚教区居民进行敲诈勒索。两国的政治关系和经济关系日趋紧张，贸易往来长期受阻，

甚至一度中断。1516年7月，臭名昭著的马特恩强盗集团的残余分子袭劫了埃尔布隆格的商人尼古拉·布腾霍尔特，把他抢劫一空，并砍去了他的两只手。皮耶宁日诺的神甫会城堡司令驱散了匪徒，还在骑士团的领土上抓获了一名凶手。受十字骑士团大首领支持的指挥官提出交涉，要求交出被监禁的强盗，并且归还他的财物。瓦尔米亚主教法比安·卢兹扬斯基参与了这件事的处理。他征得神甫会同意后，对自己城堡司令的行动表示支持。这使瓦尔米亚同十字骑士团的矛盾更加尖锐，韦代尔的同伙在骑士团高级官员支持下对瓦尔米亚，特别是针对主教和神甫们，展开了一场独特的私人战争：毁掉他们的财产，袭击布拉涅沃附近的村镇，对居民进行恐怖活动。在这种情况下，神甫们向自己的统治者和监护者——齐格蒙特·斯塔雷国王控诉十字骑士团的罪行。

但国王没有迅速提供援助，直到1517年才派了一部分军队到瓦尔米亚去。在无外援的情况下，法比安·卢兹扬斯基主教亲自到骑士团大首领阿尔布雷希特那里进行交涉，但这次交涉并没有带来预期结果。因为十字骑士团诡称和强盗没有任何联系，也不承认向他们提供

过什么援助。主教被十字骑士们编造的谎言所激怒，给大首领写了一封信，信中指出："这些暴徒既不会飞上天，也不可能入地。"

面对强盗们的骚扰，必须组织防御，而这就需要有相应的财政投资。于是在1516年7月底，神甫会对自己的基金储备进行了清查，以便从中拨出一部分用作防御开支。在这种严峻的形势下，神甫会把自己的财产管理工作委任给了尼古拉·哥白尼。危难之时推举哥白尼担任此职，说明哥白尼在神甫会中是很受尊重的。从担任奥尔什丁和皮耶宁日诺神甫会财产管理人起，哥白尼的事业就揭开了一个新的篇章。

这个时候，哥白尼除了出版了一本译著——《泰奥菲拉克特·西莫卡塔诗集》以外，还从事了天文学及其他许多与之有关或无关的研究工作。最早在利兹巴克，即在舅舅官邸工作时，哥白尼就开始构思自己的天文学著作。他曾向要好的神甫透露过自己的理论，这些知情的神甫也鼓励他公布迄今所获得的研究成果。对哥白尼从事的天文学研究工作了解最多的，除了舅舅以外，就要属蒂德曼·吉斯了。他为神甫会从英国买回了一个太阳钟和一副观察昼夜平分时的仪器。虽然这些财产属于神甫会，但这些东西

正是哥白尼从事天文观测所十分需要的。

　　大约在1515年前，哥白尼以书信形式撰写了一篇论文，寄给自己的朋友和自己熟悉的天文学家。这篇论文开头的一句话是"尼古拉·哥白尼浅说自己提出的关于天体运动的假设"，于是这篇论文的名字就被简称为《浅说》。这篇《浅说》几乎传遍整个欧洲，哥白尼在这篇《浅说》中简明扼要地阐述了他的日心说的基本思想：

　　一、不存在一个所有天体及其轨道的中心点。

　　二、地球中心并不是宇宙的中心，只是重心和月球轨道的中心。

　　三、所有天体都围绕作为自己中心点的太阳运转，因此太阳位于宇宙中心附近。

　　四、地球到太阳的距离和天穹高度之比，就如同地球半径和地球与太阳间距之比一样渺小。地球到

※托勒密认为地球是宇宙的中心

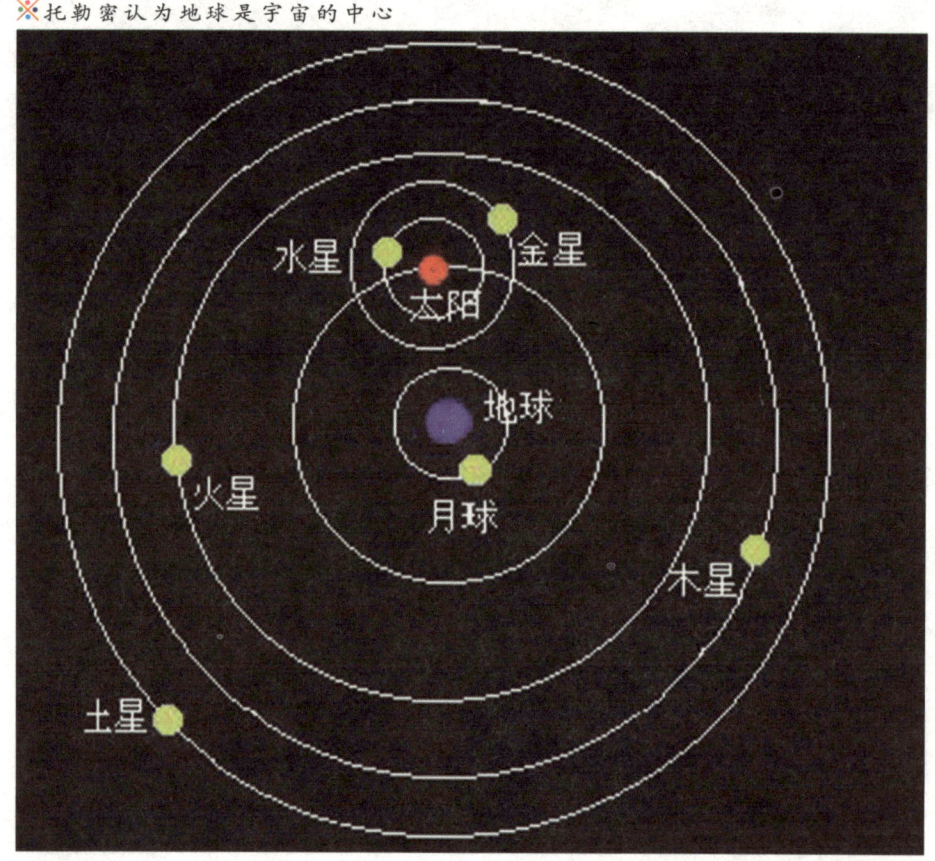

太阳的距离和天穹高度之比是微不足道的。这就是说，由地球绕太阳公转所造成的观察角度的变化（表面上看似乎是行星在移动），被称为视差位移，它和观察者与天穹，也就是观察者与各行星的距离相比，简直太小了，所以这个变化很难被发现。

五、在天空中看到的所有运动，都是由地球自己运动造成的。因为地球连同环绕它的自然要素（水和空气）一起，每24小时围绕对天空来说不变的两极连线旋转一周。

六、使人感到太阳在运动的一切现象，都不是因太阳运动产生

的，而是因地球及其大气层运动造成的。地球带着它的大气层，像其他行星一样围绕太阳旋转。由此可见，地球同时进行着几种运动。

七、人们看到的行星向前或向后的运动，都不是行星自身的运动，而是因地球自身运动使人产生的错觉。地球运动的本身就足以解释人们在天空中观察到的各种各样的天象。

接着，哥白尼描述了太阳和月球的视运动，然后是3颗行星：土星、木星和火星，以及金星和水星的视运动。《浅说》用这样两句话作结尾："这样，水星总共按7个圆运转，金星沿5个圆运转，地球沿3个圆运转。月球围绕地球沿4个圆运

※匈牙利邮票《日心说与哥白尼》

转。而火星、木星和土星各沿5个圆运转。因此，总共有34个圆就足以说明整个宇宙的构造和行星所跳的全部舞蹈了。"

哥白尼在《浅说》中抨击了托勒密的理论。托勒密认为地球是宇宙的中心，所有天体，包括太阳，都是围绕地球运转的。同时这一抨击也是对以托勒密地心说为基础的世界观和哲学体系的抨击，他使占星术失去了存在的意义，占星术通过观察天体运动来预测未来，曾被看成是一种"科学的"理论。前面所述的第三点和第七点是哥白尼日心说的基本含义。《浅说》中提出

的地球每昼夜围绕自己的轴心旋转一周和每年围绕太阳旋转一周的理论是一条惊人的新闻。而哥白尼的这一惊人发现竟然是借助普通的简陋仪器——象限仪、三角仪和捕星器取得的。象限仪不过是用木板做成的一个正方形，板上绘制了四分之一弧，在圆心处钉上一根细棍，用于观测太阳的位置，主要是测量太阳在中天时的高度。三角仪是由三根活动的尺子构成的，用于观测月球。捕星器是由六个摆放在相应位置上的带有刻度的圆环构成的，用来测量月球与行星的位置及角度

※在《天体运行论》中哥白尼详细论述了日心说

的工具。

哥白尼的《浅说》寄出后，并未引起收信人的很大兴趣，也未见到任何良好的反应。没有人敢违背以教会权威和圣经论述为支柱的公开理论来承认哥白尼的成果。所有人都保持了完全的缄默，也有人可能在内心里承认哥白尼是有道理的，但嘴上却不说什么。

随着时间的推移，《浅说》在欧洲越来越引人注目，并引起了截然不同的反应和争论。这时哥白尼已经在编撰自己的主要著作了。《浅说》为哥白尼赢得了一位最忠诚的学生，他就是威丁堡的数学家、天文学家和医生耶日·约阿希姆·冯·劳亨，又称雷蒂克。在了解了《浅说》的内容以后，他决定亲自结识一下作者，于是便在1539年来到了弗龙堡。他在瓦尔米亚主教区首府逗留了两年，了解到哥白尼学说的基本内容，也正是他说服哥白尼出版了《天体运行论》一书。

在从事天文学研究的同时，哥白尼还着手改革历法。1513年哥白尼接到改革历法国际委员会主席米德尔堡的保罗的邀请，让他参加改革方案的制订工作。不久之后，哥白尼把自己提出的历法改革方案寄给了该委员会的主席。但他拒绝到意大利直接参与这一工作，因为他认为，只有准确了解太阳和月球的运行情况后，才有可能进行历法改革，而当时太阳和月球的运行规律还在探讨之中。

鉴于对年、月以及太阳和月球运行轨道的长度尚缺乏精确计算，改革历法工作没有继续进行下去。30年之后，哥白尼在《天体运行论》一书中公布了自己的研究结果，这些结果成了1582年教皇格列高利十三世颁布以自己名字命名的格列高利历的基础。这个新历法取代了以前按儒略凯撒指示制订的儒略历，并一直沿用至今。

知识链接

《天体运行论》

《天体运行论》共6卷。第一卷论太阳居宇宙的中心，地球和其他行星都绕太阳运行。第二卷论地球的自转，指出地球是绕太阳运转的一颗普通行星，它一方面以地轴为中心自转，一方面又循环着它自己的轨道绕太阳公转。第三卷论岁差。第四卷论月球的运行和日月食。第五卷、第六卷分别论水星、金星、火星、木星和土星五大行星。

托勒密的地心说

地心说是长期盛行于古代欧洲的宇宙学说。它最初由古希腊学者欧多克斯提出，后经亚里士多德、托勒密进一步发展而逐渐建立和完善起来。

托勒密认为，地球处于宇宙中心静止不动。从地球向外，依次有月球、水星、金星、太阳、火星、木星和土星，在各自的圆轨道上绕地球运转。其中，行星的运动要比太阳、月球复杂些：行星在本轮上运动，而本轮又沿均轮绕地球运行。在太阳、月球、行星之外，是镶嵌着所有恒星的天球——恒星天。再外面，是推动天体运动的原动天。

地心说是世界上第一个行星体系模型。尽管它把地球当作宇宙中心是错误的，然而它的历史功绩不应抹杀。地心说承认地球是"球形"的，并把行星从恒星中区别出来，着眼于探索和揭示行星的运动规律，这标志着人类对宇宙认识的一大进步。地心说最重要的成就是运用数学计算行星的运行，托勒密还第一次提出"运行轨道"的概念，设计出了一个本轮均轮模型。按照这个模型，人们能够对行星的运动进行定量计算，推测行星所在的位置，这是一个了不起的创造。在一定时期里，依据这个模型可以在一定程度上正确地预测天象，因而在生产实践中也起过一定的作用。

地心说中的本轮均轮模型，毕竟是托勒密根据有限的观察资料拼凑出来的，他是通过人为地规定本轮、均轮的大小及行星运行速度，才使这个模型和实测结果取得一致。但是，到了中世纪后期，随着观察仪器的不断改进，行星位置和运动的测量越来越精确，观测到的行星实际位置同这个模型的计算结果的偏差，就逐渐显露出来了。

※托勒密的地心说曾盛行于古代欧洲

管理财政

艰苦从政

◇ 图 说 名 人 ◇

负责管理弗龙堡神甫广阔地产人的正式称呼为"尊贵的瓦尔米亚神甫会的共同财产管理人"，俗称"国家神甫"。这种管理人由神甫会全体会议选举出一名神甫担任，选举一般在每年的11月8日举行，每届任期为一至三年。1516年，患病的神甫克日什托夫·冯·苏赫滕在向神甫会提交传统的工作报告后提出辞职。神甫会接受了他的辞职请求，然后通过投票表决选举尼古拉·哥白尼接替苏赫滕的职务，这是对哥白尼的极大信任。哥白尼管理神甫会财产一直到1521年6月。担任神甫会财产管理人，要承担许多经济和行政义务，要掌管瓦尔米亚的两个地区，即奥尔什丁和皮耶宁日诺地区的经济收支。担任这一职务的人可以毫不费力地利用职权为自己捞取可观的资本，这是当时常见的现象。因此，人们总会选举特别信得过的人担任这一职务，希望能有一个有能力的好管家。神甫会章程规定，新当选的财产管理人要进行专门宣誓，保证如实地向神甫会报告奥尔什丁和皮耶宁日诺两个地区的所有收支账目。与此同时还采取了许多监督性措施，旨在把营私舞弊和贪污的可能性减到最小限度。管理人有权对奥尔什丁和皮耶宁日诺地区受神甫会统治的所有人，其中包括对居住在这里的贵族行使审判权，也有权罢免奥尔什丁和皮耶宁日

名人名言

青春应该是：一头醒智的狮，一团智慧的火！醒智的狮，为理性的美而吼；智慧的火，为理想的美而燃。

——哥白尼

诺的两座城堡的司令官。此外，还有义务对司库和其他掌管财务的人实行监督。管理人的工作主要是经济性的，因此他必须解决有关农村生活的所有问题，其中包括安置新移民、确定纳税标准等。哥白尼作为管理人必须与各乡村的村长保持经常联系，以从他们那里了解农村最紧迫的问题、逃跑的农民情况，以及农民之间的交易和纷争情况。许多问题都需要他亲自到当地进行干预。这就为他提供了一个空前的机会，使他有可能非常详细地了解瓦尔米亚，了解瓦尔米亚的需求和存在的问题。哥白尼甚至为此做了专门的笔记，记录了自己解决的问题。履行管理人义务占用了哥白尼很多时间，这使他经常忙忙碌碌。作为一名医生，他还要为病人治病，这又占去他不少时间。这样哥白尼用于科学研究和读书的时间就很少了。

哥白尼掌管的地产范围遍及奥尔什丁佃户区的59个村庄和皮耶宁日诺佃户区的60个村庄。除森林和湖泊外，土地总面积约为3600公顷。此外还管理位于这片土地上的两座城堡，并负责维持两座堡垒的防御性能，为此承担一些军事防御任务。作为行政管理人，他的办公地点就设在奥尔什丁城堡，该城堡位于奥尔什丁城西北部的韦纳河畔。奥尔什丁城堡连同这座建有堡垒的城市，是当时整个瓦尔米亚防御得最好的要塞。

虽然行政事务十分繁忙，但哥白尼并没因此停止天文学研究工作。奥尔什丁城堡里留下了他从事天文观测的痕迹。1802年，华沙科学之友协会的代表塔德乌什·查茨基和马尔青·莫尔斯基来到奥尔什丁城堡寻访有关哥白尼的文物时，在围廊下面的墙皮中发现了哥白尼制作的一个长705厘米、宽140厘米的天文观测记录板。这是哥白尼观测和研究地球轨道不均衡性时所使用的。哥白尼在奥尔什丁观测二分点（春分和秋分）时刻，首先是为了确定和计算出当时所使用的儒略历同实际情况的差距。公元325年，在威尼斯举行的主教会议上确定春分为3月21日，它成为推算复活节和其他不定期宗教节日的基础。由于当时历法的错误，致使每个历法年都比依据太阳通过两个二分点的时间计算出的天文年长11分钟。日积月累，历法年标示的二分点越来越晚，到哥白尼时期，误差已达10天之久。必须对历法进行修改，这成了当时学者们热烈讨论的话题，并提出了各种各样的修改方案。改革历法问题终于提到1512至1517年举行的拉特兰主教会议的日程上，哥白尼对这些问题也很感兴趣。哥白尼从弗龙堡来到奥尔什丁时，未能带上所有仪器。尽管如此，他并不想中断已经开始的研究和观测工作。为此，他才制作了这块测定二分点时刻必不可少的记录板。

哥白尼选择了西南方向上的一面墙来制作这块记录板，这块墙面被围廊遮掩着，他在顶棚上钻了一个小孔，阳光透过这个小孔射到墙板上。每五天观察一次阳光在墙上移动的路线，并在墙板上标出来。二分点时刻是主要的观察对象，同时也是做深入观测的出发点。每遇到观测日，哥白尼就不外出监督和视察。他对观测时间和外出时间的安排表明有两次和他的天文观测相冲突。哥白尼在奥尔什丁堡进行了许多次天文观测，《天体运行论》一书里描述了其中的四次。在奥尔什丁城堡生活的这段时间，是他一生中活动最多的时期。哥白尼在奥尔什丁收集了资料，并初步编定了关于货币问题的经济学论文。1519年5月，他还参加了防治瘟疫工作，这次瘟疫席卷了瓦尔米亚的北部地区。当然，在奥尔什丁生活期间，哥白尼的主要任务是履行其行政、

※哥白尼铜像

经济职责，其他任务都是次要的。他的研究工作具有个人爱好性质，在计划中只能排在后面。

哥白尼在奥尔什丁负责管理工作时，正是神甫会的经济紧张重建和扩建时期。15世纪末和16世纪初，瓦尔米亚经历了经济困难时期，这使神甫会的经济也遭到挫折。在奥尔什丁佃户区，佃农手中的耕地近百分之四十被荒芜。对神甫会来说，这就意味佃租和其他收入减少了将近一半。种植谷物带来的可观收益刺激着神甫会，使它采取各种有力措施去垦荒地，并使现有农田得到充分的利用，以便从中获得尽可能多的收入。谷物当时在西欧很畅销，出口赢利很多。开垦荒地和监督现有土地的利用是神甫会财产管理人的基本任务。管理人的任务还包括安排新农户去代替那些没有能力或对土地利用不当的佃户，特别要接管那些因佃农死亡或外逃而遗弃的土地。随着佃农对地主承担义务的加重和对佃农自由限制的加深，佃农外逃现象日益严重，这是佃农对加重负担的一种反抗形式。从1481年起，神甫会财产的历届管理人都建有专用的经济簿，称为"荒废农田登记簿"，在这里记录着神甫会财产拥有者和使用者的全部变动情况。从1500年的

一本登记簿上可以看到，土地经营情况比以前有明显好转，荒芜农田只占四分之一左右。哥白尼来这里任职时正赶上这种移民活动的最后阶段。按照前任的做法，哥白尼也建立了登记簿，哥白尼做第一次记录的时间是1516年12月10日，最后一次记录是1519年8月14日，总共记了15页。

神甫会作为地产的主人对租种其土地的农民行使领导权，这些佃农都隶属于神甫会。而神甫会行政管理人则是弗龙堡神甫们的全权代表，主管佃农事务。佃农租种神甫会的土地一般按海乌姆诺的法律办理，只要能按时按量地交纳地租和其他费用，土地的使用权可以世袭。当时瓦尔米亚佃农的人身还是自由的，在算清账目和找到接替人的情况下，可以放弃自己所租赁的土地。在乡村里，农民的顶头上司是村长。在哥白尼生活时期，村长的职权仅限于协助行政管理人维持治安秩序。村长已经不再是很早以前那样能够决定农民租赁土地的问题了，这些问题要由行政管理人来决定。

从1516至1519年，哥白尼总共做了66次记录。到瓦尔米亚乡下65次，其中到奥尔什丁佃户区的农村53次，到皮耶宁日诺佃户区的

农村12次。每次下乡都在登记簿上用拉丁文进行记录。这些记录都是一些简短的纪实性的文字，记的是下乡所解决的问题，譬如安置新佃户或交换地产等。哥白尼一般春天或冬天下乡的次数最多，也就是在播种之前。两名侍从陪着他，一名是青年人希耶罗尼姆，另一名是沃伊切赫·谢布尔斯基（或采布尔斯基）。有时奥尔什丁城堡的军队教士或皮耶宁日诺城堡司令也陪同他下乡。在哥白尼所做的公务记录中，很少有安置新人耕种撂荒多年土地的事情。在奥尔什丁佃户区仅有过两起，那是1519年在迪维塔村为撂荒很久的六畹土地安置耕种人。其他安置工作都和耕种撂荒地和扩大耕种面积无关，主要是一些土地转让问题，从这一用户转到另一用户手中（交换或者购买），这类事情共有32起。为暂时无人耕种的土地（农民逃走或者死亡）安排用户——这类事特别在行政管理人上任初期较多——也是32起。

为了不使外逃农民放弃的土地撂荒，哥白尼必须尽快为其安排新的佃户。哪里一旦发生农民外逃事件，哥白尼就要亲自到那里去，把被抛弃的土地、建筑物、牲畜、农业器具，甚至还有谷物一起转交给新佃户。有时还允许新佃户在头

一年免交租税、劳役、公路养护费等。频繁的外逃事件促使哥白尼提出了一个新要求，那就是在签订新的租赁土地合同时，要有保人担保，如果被担保的农民弃田外逃，保人要承担物质责任。在这种情况下，保人有义务接管被抛弃的地产，并承担相应的义务：经营这些土地直到安置新的佃户为止。这种保人多由租赁者的亲属和熟人来担当，有时也由村长担当，签订土地合同时村长总要在场。哥白尼这种预防性措施并不过分，因为当时一块土地在短时间内就曾发生多次被放弃的事情。

在登记簿上哥白尼记载的另一类事情，主要是从形式上确认用户的变更情况，譬如用户出于某种原因把部分地产转让给其他农民等。也有时由于欠债原因，农民和伤残农民把财产转让给了别人，双方均未偿还拖欠的债务。对这种交易，哥白尼采取了宽容态度，武伊托沃村的孤寡老人老乌尔班的情况就是其中的一例。哥白尼称老乌尔班为"年岁和名字都体现其老的一位老人"，允许他卖掉自己的财产，自由地离开村子，尽管他的欠债尚未还清。哥白尼还允许利普诺村上了年纪的彼得·普雷乌斯出售一畹半土地，并且规定由新佃户每年向

他提供一个半格利夫那作为他的终生养老金。这些事例说明，哥白尼一方面关心神甫会的物质利益，另一方面也对下属采取人道主义的态度。

到瓦尔米亚来的移民，很大一部分是来自玛佐夫舍地区的波兰农民，早在15世纪以前那里就有人移居奥尔什丁佃户区了。在瓦尔米亚回归波兰以后，向这里移居的人就更多了，到15世纪末已成为普遍现象。移民的到来，改变了瓦尔米亚农村的民族构成，原来居住在这里的农民以德国移民和当地土著居民即普鲁士人为主。

作为神甫会财产的管理人，哥白尼是一位好管家，他不只为神甫会服务，也为农民着想，当然，这限于当时的社会和法律条件允许的范围内。从哥白尼的行动中可以清楚地看到他所采取的人道主义态度，他希望在他所管辖的地区内，经济能够得到顺利发展。

哥白尼在奥尔什丁地区管理经济事务时期，正是以瓦尔米亚主教和神甫会为一方，以十字骑士团为另一方不断发生误会和冲突时期。哥白尼管理的地区和骑士团国家直接接壤，边界闹事和冲突事件不断给哥白尼带来麻烦。来自骑士团的威胁也妨碍了经济的协调发展。1517年6月，一个听命于骑士团的强盗塞巴斯蒂安·格劳辛因在瓦尔米亚抢劫被抓了起来，这使得形势达到了白热化，甚至导致了瓦尔米亚同骑士团国家在1517年9月29日中止了贸易往来。骑士团当局明显支持和纵容武装强盗在瓦尔米亚领土上从事抢劫活动。强盗们得到骑士团的支持后，更加大胆、肆无忌惮地蹂躏手无寸铁的居民。1517年8月底，他们纵火焚烧了皮耶宁日诺市郊及附近的两个村庄，后来又在布拉涅沃郊区纵火烧毁大片民房。瓦尔米亚行政管理人自身也不止一次遇到毗邻地区骑士团办事人员的挑衅事件。1517年3月，骑士团和神甫会的人就帕斯文克界河的捕鱼权问题发生争执。骑士团方面的一个人在捕鱼时被逮住，并被关进了奥尔什丁城堡。这成了骑士团人员攻击神甫会行政管理人哥白尼的口实，指责他对骑士团的人采取暴力行动。因为骑士团方面的人在奥尔什丁附近森林伐木，致使瓦尔米亚神甫和骑士团驻袍斯文克镇的统治者菲利普·格罗伊辛之间从1516年起开始了一场旷日持久的争论。格罗伊辛甚至迫使神甫会管辖下的一些农民向骑士团交租，通过这些手段同神甫会展开了一场"私人战争"。1518年，格罗伊辛

※尼古拉·哥白尼的肖像画

向哥白尼控告奥尔什丁城堡司令克日什托夫·德劳希维茨，这使得双方的争论进入白热化阶段。神甫会要求哥白尼毫不迟疑地为司令官驳回指控，并消除导致指控和冲突的根源。为此事，哥白尼专程到利兹巴克去了一趟，征询主教的意见，探讨用什么方法打掉十字骑士团。1518年10月22日，哥白尼把同主教的谈话迅速写信报告了神甫会。他在这封信中写道：

"昨天我从最值得尊敬的主教阁下那里了解到你们如何看待我正筹备的一次宴请。可以说，一切都已准备就绪，无论是在食鱼日，还是在食肉日举行都可以。菲利普·格罗伊辛的来信让我提前从奥尔什丁动身。我带去的奥尔什丁司令在那里详细地了解了情况，知道那个控告人是不能对他进行指控的，因为控告人并不承认他的权利。主教阁下也给我指示，如果回信还没有发出的话，要我劝你们，尊贵的先生们，在给大首领的回信中要加上这样一句：'为了不违背神圣的公正原则，以免被人误解和篡改。阁下已经获悉，莫斯科和国王签订了永久和约。至于签约的条件是什么，阁下希望尽快了解到。'这样一来，我们邻居的全部希望就破灭了。尊贵的先生们，拜托你们了。只要可能，我立刻就从这里动身。尼古拉·哥白尼。"

可惜，哥白尼高兴得早了些，因为就在一年半之后波兰同十字骑士团的战争爆发了，这场战争主要在瓦尔米亚地区进行。1519年11月8日，哥白尼被提升，神甫会任命他为神甫会办公厅主任。为此哥白尼回到弗龙堡，但在那里逗留时间很短，因为当时波兰和瓦尔米亚已经直接面临同十字骑士团发生战争的危险。

战斗英雄

波兰和十字骑士团的关系日趋恶化，瓦尔米亚则从中尝到了特殊的苦头。十字骑士团的袭击活动越来越频繁，他们所到之处，不放过任何人和目标，连教堂也成为他们的抢劫对象。应瓦尔米亚主教和神甫会的请求，国王齐格蒙特·斯塔雷派来40名骑兵。起初，国王曾试图劝说自己的外甥——敌视波兰的十字骑士团大首领阿尔布雷希特放弃战争冒险活动；但当他意识到会谈不会有多大结果时，便开始了备战。

法比安主教惧怕战争，他做了一系列努力，竭力避免战争和冲突。他不但向克鲁莱维茨派遣了使臣，甚至还亲自去和大首领会谈。他警告大首领说，波兰不会允许骑士团剥夺它的财产和自由占领王属普鲁士。主教懂得，一旦发生战争，瓦尔米亚将会成为战场，那势必给主教和神甫会的财产带来不可估量的损失。最后，主教只能把全部希望寄托在波兰国王的强大实力上，指望他能在尽可能短的时间内解决骑士团问题，并使骑士团永远不敢再有攫取王属普鲁士，特别是攫取瓦尔米亚的野心，因为主教和弗龙堡神甫们的财产都在瓦尔米亚。

十字骑士团的紧张备战活动迫使波兰开始征讨不安分附属国的战争行动，虽然它远未做好战争准备。1519年12月11日，波兰议会同普鲁士各界代表

大会在托伦举行联席会议。会上一致通过决议，对十字骑士团采取战争行动。12月底，波兰部队从托伦出发，向十字骑士团控制的普鲁士进军，迅速占领了位于玛祖尔地区和维斯瓦河流域的几个较小的边境城镇，并继续向克鲁莱维茨方向挺进。阿尔布雷希特早已把自己的武装力量集中在同瓦尔米亚交界的北部边界上，在1520年新年他跨过边界线进军到布拉涅沃城下，并宣称他是来向波兰国王进贡的。这时他还不知道波兰已开始了战争准备。当十字骑士们来到城下时，正值凌晨，浓雾妨碍了布拉涅夫塔楼的视线，另外，这座塔楼当时也没有人守卫。同骑士团友好的布拉涅沃市长菲利普·特施内尔为骑士团的军队打开城门。十字骑士们毫不费劲地占领了布拉涅沃城堡。弗龙堡距离布拉涅沃仅有10千米，弗龙堡的神甫们听到这个消息后无不大惊失色。大首领则竭力向主教解释，说他是受教皇委托来占领布拉涅沃的，旨在保护主教区免遭波兰军队的抢劫。

主教和神甫会面对这样的巨大威胁，立即展开了一场外交活动。1520年1月4日，从弗龙堡派出的两位神甫作为代表去会见阿尔布雷希特。这两位代表，一位是从前的神甫会成员、副主教扬·斯库尔泰蒂，他对大首领周围的人特别熟悉；另一位就是尼古拉·哥白尼。两位代表的任务是对骑士团向没有武装的瓦尔米亚采取战争行动表示震惊，并建议大首领与波兰国王开始和谈。主教请阿尔布雷希特为哥白尼发放安全通行证，让哥白尼能在弗龙堡和奥尔什丁之间自由通行，以便使他能够充当住在利兹巴克官邸的主教和弗龙堡神甫会之间的联系人。为了能在大首领和主教之间做中介人，斯库尔泰蒂也得到了一张安全通行证。尽管得到了安全通行证，但哥白尼此后再也没到布拉涅沃去。十字骑士团还没等收到神甫会的回音，就对弗龙堡发起了武装进攻。神甫们都纷纷离开弗龙堡，逃到没有战争危险的地方去。

神甫会成员中只剩下尼古拉·哥白尼一人还留在孤独的弗龙堡。没有大炮，十字骑士团无法越过大教堂的围墙，于是他们就纵火焚毁城市和围墙外面的神甫住宅。尽管哥白尼顶住了十字骑士团对弗龙堡发动的攻击，但因为他的家已被焚毁，不得不离开这里。1520年1月23日，哥白尼前往奥尔什丁，在奥尔什丁一直停留到1521年6月。

战争风云席卷了整个瓦尔米亚

和骑士团国家。波兰军队主力由王国大统帅尼古拉·菲尔莱伊指挥，开进了骑士团控制的普鲁士，占领了一些地方，包围了另外一些地方。十字骑士团怕吃败仗，避免在战场上与波兰军队直接交锋。他们不敢面对波兰军队，却对被占领地区手无寸铁的居民大肆烧杀抢掠。在这种情况下，尼古拉·菲尔莱伊征得法比安·卢兹扬斯基主教的同意后，向各城镇和城堡派驻波兰军队，以保护这些地方避免十字骑士们的蹂躏。在弗龙堡驻扎了400名波兰雇佣兵，在奥尔什丁驻扎100名，在利兹巴克开始时驻扎300名，后来增加到1000名。

当法比安主教认识到依靠谈判无法使瓦尔米亚免遭骑士团抢掠时，他便坚决地宣布站到波兰一边。主教向神甫会提出要求，要求加固要塞，改善食品和弹药供应，同时也指出了神甫会在处理这些问题时表现出来的惰性。无论是神甫会，还是主教都要承担瓦尔米亚的防御费用，双方都想把更大的负担推给对方。但是，当局势发展到特别危险时，双方都停止了争论，在组织防御工作中神甫会向主教提供了充分的支持和帮助。如果没有波兰卷入战争，瓦尔米亚抵抗十字骑士团的斗争是不会坚持多久的。波兰军队开进了王属普鲁士，当时最杰出的波兰指挥官之一雅努什·希维尔乔夫斯基来到了前线，这使人们对胜利结束这场战争增强了信心。

当时哥白尼在奥尔什丁迅速投入备战工作，为防御十字骑士团的进攻积极做准备。为了最大限度地加强奥尔什丁的防御能力，哥白尼付出了巨大努力。2月中旬，他从埃尔布隆格调来了防御武器等设备，其中包括17杆火绳枪。即使在如此动荡不安的局势下，哥白尼仍注意抓经济问题。有的农民害怕战争，抛弃家园逃走了，哥白尼就在那些被遗弃的土地上安置了新的佃农。在这个时期，哥白尼必须对神甫会的财产给予特别的关心，因为奥尔什丁佃户区已成为神甫会唯一的财政收入来源，皮耶宁日诺佃户区已经被十字骑士团洗劫一空。对于防御工作，哥白尼关心的不仅是他所在的奥尔什丁要塞，而是整个城市。为了保卫城市，他从外地运来了武器和装备。在这期间，哥白尼还处理了去世的瓦尔米亚神甫会成员巴尔撒泽·斯托克菲希的遗嘱和遗产问题。与此同时，哥白尼必须警惕地注意着那些对十字骑士团怀有好感或者阴谋反对波兰的神甫会成员。

战争期间，哥白尼坚定地站在波兰一边，忠实地继承了与十字骑士团斗争的家族传统。保卫神甫会财产的重担就落到了他的肩上，保卫财产就是保卫瓦尔米亚免遭骑士团的蹂躏。哥白尼帮助法比安主教组织防御工作，同时动员他采取更加坚定的立场。哥白尼约束自己手下的人不得和十字骑士团的人进行任何可疑的接触。

在1520年4月29日写给主教的一封信里，哥白尼叙述了神甫们积极参加瓦尔米亚防御工作的情况，并请求主教把财政援助再增加相当于神甫们贡献的三分之二的数量。在这封信里哥白尼还建议主教和军队总指挥尼古拉·菲尔莱伊保持密切联系。这期间尼古拉·菲尔莱伊又调来20杆火绳枪以加强弗龙堡的防御力量。

1520年春，补充了火炮和雇佣军的波兰军队，发起了夺取帕斯文克和克维宗要塞的攻势，进攻一直打到骑士团普鲁士首都克鲁莱维茨附近才停止下来。这种形势迫使阿尔布雷希特提出谈判请求。国王齐格蒙特·斯塔雷同意停火。战争行动中止，从5月31日起停火协议开始生效。双方决定6月18日在托伦进行谈判，届时将由国王和大首领直接谈判，瓦尔米亚主教法比安·卢

兹扬斯基也将参加。得知主教要去托伦参加谈判的消息后，6月14日，神甫们给主教写了一封信，这封信是由哥白尼负责撰写的。信件告诫主教不要相信十字骑士团提出的保证，哪怕是书面保证，应该要求骑士团赔偿他们对主教区和瓦尔米亚神甫会所造成的损失。神甫会的这种立场说明，神甫们对骑士团已经不再抱任何幻想。不仅不再相信它，而且把它看作自己的主要敌人。后来的托伦谈判证明，弗龙堡神甫们的预见完全有道理。

按预定的日期，以波兰国王为首的波兰人和由40名骑士团骑士陪同的大首领来到托伦。前来参加谈判的还有教皇、匈牙利国王及玛佐夫舍大公的代表，他们在签订和约方面想竭力充当中介人。按波兰方面的设想，阿尔布雷希特应按附属国的应尽义务向波兰国王进贡，并提出条件确保以后遵守和履行1466年的《托伦和约》。但大首领却使用拖延战术，并提出了不适当的要求。当他得知丹麦和德国方面的援助已经到来的消息后，就请求国王发给他返回克鲁莱维茨的安全通行证，接着便中断了和谈。7月，骑士团又开始向波兰军队发动进攻。阿尔布雷希特的背信弃义做法表明，只有用武力才能迫使他履行《托伦

和约》的义务。

战争的烈火再一次燃烧起来，而且比以前更加激烈。这次大首领占据了主动权。波兰人用很大兵力徒劳地包围着布拉涅沃，但并没有阻止住十字骑士团对瓦尔米亚其他城市的入侵。大首领也撕下了对瓦尔米亚主教的友好假面具，第一次直接进攻主教在利兹巴克的官邸。十字骑士团的大炮接连几周对主教区首府进行轰击。波兰军队在城市居民的大力协助下，英勇保卫城市。市民们奋勇扑灭炮击引起的火灾，军队组织了几次夜袭，使包围城市的十字骑士们遭到惨重损失。11月底，敌人放弃了对利兹巴克的包围，向远处开去。这次围城使大首领部队中有大约1600名士兵被击毙。

但在其他一些战场上十字骑士们却在大肆炫耀他们的战绩。11月15日，骑士团占领了良城；11月24日，经过六天激战又占领了奥尔内塔城。奥尔内塔城的居民本想继续坚守下去，但波兰指挥官在征得市长同意后决定向十字骑士团投降，因为他害怕如果城市被攻破后会像良城那样惨遭恐怖镇压。这样一来，就使距此仅有25千米的奥尔什丁面临了直接威胁。神甫们发出了一封封告急信件，要求加强防御，要求增加援助。告急信寄给波兰国

王，也寄给波兰首相扬·科纳尔斯基和库雅维主教。神甫们认为，他们的命运取决于利兹巴克能否击退十字骑士团的进攻。他们提出，奥尔什丁的防御工作还不够牢固，这里只有帕维尔·多卢斯基指挥的100名波兰雇佣军士兵。要想击退强大敌人的进攻，奥尔什丁城堡确实还没有做好准备。根据神甫们的建议，帕维尔·多卢斯基向利兹巴克司令官雅库布·森齐格涅夫斯基求援，但利兹巴克正处于被包围之中，森齐格涅夫斯基无力提供援助。埃尔布隆格的居民和所有神甫也都对奥尔什丁的命运感到忧虑，因为瓦尔米亚神甫会的金银财宝和各种稀世珍品都寄存在这里。驻普鲁士波军总司令雅努什·希维尔乔夫斯基也对奥尔什丁的命运表示担忧，因此他派雅诺维茨的佩雷克率领100名步兵前去增援。这期间国王也从彼得库夫向瓦尔米亚派来了大量的援军，这支部队由久经考验的老将兹比格涅夫·斯乌佩茨基率领。正是这支部队在沿海地区战胜并赶走了来增援阿尔布雷希特的德国军队。

正当瓦尔米亚和奥尔什丁的命运处在最困难和最危险的时刻，即1520年11月8日，扬·克拉皮茨把自己担任的神甫会财产管理人的职务

交给了尼古拉·哥白尼。神甫会之所以做出这一易人决定，是因为哥白尼迄今在行政管理工作中取得了丰富的经验，并且在和十字骑士团的斗争中表现出的勇敢精神和坚定的立场。哥白尼不仅成了经济管理人，也成为坚守瓦尔米亚南部这个最重要据点的军事指挥者。哥白尼不仅仅是一位理论家，他还愿意把自己所学的理论知识应用于实践。他积极组织奥尔什丁全城和城堡加强防御。他请求波兰指挥官提供军事和物质援助，因为他知道，如果没有波兰军队参加，奥尔什丁城堡经不起十字骑士团的长期围困和进攻。1520年11月16日，哥白尼给波兰国王齐格蒙特·斯塔雷写了一封求援信。

但信使传送的这封信，并没有送到国王的手里，信使在途中被十字骑士团的部队俘获。这封信使十字骑士团看到，哥白尼是忠诚的波兰公民，而且始终是骑士团的敌人，同十三年战争期间他祖父的立场完全相同。

多数神甫因担心奥尔什丁要塞一旦被十字骑士团攻破，会遭到残酷镇压，所以都提前离开了奥尔什丁。岗位上只剩下了哥白尼和亨里希·施内伦贝格神甫两人，施内伦贝格神甫也是托伦人。守住城市和

城堡并把敌人驱逐出瓦尔米亚的共同愿望把两人联系在一起。

哥白尼在防御工作中表现出了很大的主动精神，他并不是消极地等待国王增援，也不是仅仅指望职业军人。他一直为解决奥尔什丁需要的防御器材问题和待在埃尔布隆格的扬·斯库尔泰蒂副主教保持着书信联系。12月底，哥白尼给副主教发了一封信，这封信经过几周时间才到达收信人手中。在这封信里哥白尼请斯库尔泰蒂送一些铸造子弹所需的铅以及盐和纸来。这期间奥尔什丁已面临着十字骑士团的直接威胁。

大首领阿尔布雷希特在11月28日放弃了对利兹巴克的包围，回到克鲁莱维茨搬兵。1521年的新年刚过，他就率领一支由4000名步兵、600名重骑兵和400名轻骑兵，以及炮兵所组成的部队突然出动。经过布拉涅沃和奥尔内塔，在1月11日到达良城附近，然后就向奥尔什丁方向挺进。沿途经过的地方都遭到骑士团部队肆无忌惮地践踏。在战场上不能取胜，十字骑士团就想通过恐怖和恫吓手段来迫使瓦尔米亚投降。阿尔布雷希特从良城给奥尔什丁守卫长官写了一封信，要求该城立即投降，并威胁说，不投降就要把它彻底化为灰烬。然而，守卫者

不但没有被威胁所吓倒，反而加强了防御。来自良城的十字骑士团部队在1521年1月26日突然向奥尔什丁发起进攻，企图用突袭的办法攻占该城。十字骑士团曾一度攻破城墙上的一个角门，但很快又被守卫者击退了。以国王为首的波兰最高司令部，以及主教和为自己财宝安全感到担忧的瓦尔米亚神甫们，都睁大眼睛盯着奥尔什丁。所有人都在为奥尔什丁的守卫者们鼓劲。

对骑士团和波兰的实力十分了解的斯库尔泰蒂，对哪一方能取得胜利是坚信无疑的，所以他没有和十字骑士团暗中勾结。哥白尼没有过分相信副主教的乐观估计，他为奥尔什丁调进了大批武器弹药和食品，并催促斯库尔泰蒂继续为守卫者收集和提供这些物资。因远离弗龙堡的神甫们而感到孤独的哥白尼，只能指望波兰士兵和波兰军队在战场上取得胜利。

※波兰华沙美人鱼

管理经济

虽然哥白尼没有手持武器伫立在城头上，但他却是奥尔什丁真正的防御司令，这座城市的命运在很大程度上取决于他。他在和波兰军队密切合作的同时，竭力使城堡和整个城市做好防御准备。他对十字骑士团不抱任何幻想，所以他并没有和骑士团进行任何谈判，一直坚定地站在反骑士团的立场上。正是神甫会财产管理人的这种坚决态度拯救了奥尔什丁和瓦尔米亚的很大一部分地区，使其免遭十字骑士团的鲸吞。骑士团方面了解哥白尼的态度和奥尔什丁的防御情况，知道想用小的代价夺取城堡和整个城市是办不到的。

在经受十字骑士团进攻的初步考验之后，哥白尼预料敌人还会发动新的进攻。然而哥白尼却不知道，十字骑士团的部队内部正经历着严重的危机。军队损失惨重，并没取得比较大的胜利，这在骑士团士兵和雇佣军中引起严重不满，并出现骚动，这种骚动随时可能演变为士兵暴动。十字骑士团的士兵谩骂大首领，雇佣兵要求发放拖欠的军饷，甚至把事先发饷作为开始包围或发起进攻的条件。结果，大首领阿尔布雷希特中途就返回克鲁莱维茨，因为他觉得在那里要比留在自己军队中更加安全。1521年3月26日，骑士团停止了战争行动，4月5日达成了所谓托伦妥协，实现了四年停火。

战争给瓦尔米亚造成了巨大的损失和破坏，大部分农庄已被践踏和洗劫一空，这也使主教和神甫会的收入大为减少。战争开始之前，奥尔什丁佃户区只有百分之十的农田荒芜，而战后荒废的土地增加了两倍。刚刚停火一个月，哥白尼就重新开始进行安置佃户的工作。为了鼓励农民尽快接管被遗弃和被破坏的土地，哥白尼提出不少减租和免租措施，这对附近的玛佐夫舍地区产生了很大吸引力，许多被称为玛祖尔人的波兰移民纷纷前来定居。

1521年6月，根据神甫会的意见，哥白尼把自己的行政管理人职务交给了蒂德曼·吉斯神甫，因为他已被推选为瓦尔米亚专员，专署设在奥尔什丁，瓦尔米亚神甫会的官邸也设在那里。瓦尔米亚专署是在1521年临时设立的，主要是为了恢复因战争遭到破坏的经济和社会秩序。担任专员是哥白尼在行政职务方面的一次晋升，也是对他在战前和战争期间所从事的行政组织活动表示赞赏的证明。人们将哥白尼看成面对十字骑士团毫不妥协的人，甚至在最艰难时期，也毫不退缩。他既没被十字骑士团所吓倒，也不为其所利诱，所以人们相信他能够代表神甫会的经济和政治利益。

1521年6月，哥白尼移居到弗龙堡，在这里从事天文观测的条件要比在奥尔什丁好得多，因为这里有一些不能带到奥尔什丁城堡去的观测仪器。但哥白尼用于观测天体的时间仍然不多，因为有许多行政事务占据了他的精力和时间。此后的几个月里，哥白尼又担任了神甫会财产视察员，这个职务要求他经常为神甫会财产问题外出视察。接下来的几年中，哥白尼多次到奥尔什丁城堡视察工作，也曾担任过神甫会驻奥尔什丁代表。在战争刚刚结束的几年里，瓦尔米亚神甫会的处境非常艰难。形势要求神甫们表现出更大的政治积极性，和普鲁士各界以及波兰中央政权保持更加密切的关系。为此，哥白尼作为神甫会的代表时常参加普鲁士各界的代表大会，与代表们一道商讨如何制止十字骑士们在瓦尔米亚土地上进行新的颠覆和破坏活动，并想办法迫使他们遵守停火协议。

1522年初，神甫会推选哥白尼和蒂德曼·吉斯作代表，前往托伦参加普鲁士各界代表大会。波兰国王的代表也要出席，但国王更改了召开这次代表大会的时间和地点。代表大会改在格鲁琼兹举行，瓦尔米亚神甫会的代表不顾恶劣的天气条件和泛滥的洪水，又来到格鲁琼

兹，以便能在国王代表在场的情况下对骑士团提出控告。哥白尼和蒂德曼·吉斯于1522年3月17日至21日参加了这次代表大会，在波兰国王代表面前对十字骑士团的压迫和无法无天行为提出新的指控。应普鲁士各界的请求，哥白尼在那里宣读了三年前他撰写的一篇关于货币问题的论文。哥白尼的意见深受同年10月21日在特切夫召开的普鲁士各界代表大会代表们的赞赏，与会的王属普鲁士代表最后通过了一个决议，决议中采纳了哥白尼的意见。

1522年1月30日，瓦尔米亚主教法比安·卢兹扬斯基去世。按照当时教区的传统习惯，在新主教产生之前，要由一名神甫代表接管教区和神甫会的领导权。这名代表被称为瓦尔米亚主教区行政总管。这是政权交替时期负有最高责任的职位，要借助它渡过这段"无主时期"。神甫会推举尼古拉·哥白尼在9个月时间内担任了这一最高职务。甚至在选出新主教以后，哥白尼仍将行使这一职责，直到新主教的选举得到教皇的批准。上任以后，哥白尼立即采取有力的措施加强各城堡的防御能力，防备十字骑士团的进犯。哥白尼仍担心十字骑士团有侵略瓦尔米亚的企图。因为十字骑士团竭力想利用瓦尔米亚主教法比安的死来攫取瓦尔米亚，如果不能用暴力攫取的话，就通过在罗马教廷的外交手段达到此目的。法比安主教在世时，大首领已经派人并通过其他人在罗马做过许多努力，以达到把瓦尔米亚吞并到骑士团国家的目的。十字骑士团知道格但斯克人对他们怀有敌意，所以他们懂得，如果接替法比安担任主教的是一位格但斯克人，那将对骑士团非常不利。因此大首领在获悉主教去世后，立刻催促在罗马的代理人采取更有力和更有效的行动，争取得到瓦尔米亚和王属普鲁士的其他土地。他们想使哈德利亚六世教皇相信，瓦尔米亚和骑士团国家合并对教廷是有利的。但教皇看到阿尔布雷希特已陷入严重的财政困难中，不会有什么重要回报，便做了模棱两可的回答，既不支持大首领，也不支持波兰国王。但瓦尔米亚一直从属于波兰国王。

主教之死使驻扎在瓦尔米亚的波兰部队进入戒备状态，波兰王宫密切注视着该地区所受的十字骑士团的威胁。国王立刻把马尔堡的州长耶日·巴任斯基和普鲁士地区副司库、格但斯克总督扬·巴林斯基派到弗龙堡去处理补选主教问题。他们于1523年2月26日抵达弗龙堡，并把委任书呈交给神甫会和主教区的负责人，即副主教扬·斯库尔泰蒂和瓦尔米亚主教区行政总管尼古拉·哥白尼。两位负责人对特使说：神甫会已经决定，将按照和国王签订的第二个《彼得库夫条约》的规定选举新主教，不与国王协商不会采取任何行动。他们还向国王特使保证说，神甫会中尚未宣过誓的年轻成员已经做好了向国王宣誓效忠的准备。

出于安全考虑，斯库尔泰蒂和哥白尼派出代表去加强主教城堡的防御工作，尤其是利兹巴克的防御工作。同时他们也向格但斯克总督扬·巴林斯基提出要求，请他向利兹巴克提供大炮、火药和铅。两位代表——蒂德曼·吉斯和莱奥纳德·尼德尔霍夫来到利兹巴克，以神甫会的名义接管了主教城堡。神甫会的两位代表向市长提出要求，要求他接管所有主教城堡的防务，并向神甫会宣誓效忠。普勒克十分忠实波兰国王和波兰，在反十字骑士团的战争中曾因英勇保卫利兹巴克而获得荣誉。

耶日·普勒克毫不迟疑地把两位神甫事件报告给国王，并占领利兹巴克城堡一直到选出新主教，因为他想保护城堡免受外来的突然袭击，另外也因为他想把城堡交给国王齐格蒙特·斯塔雷所信任的新主教。

不久之后，神甫会的使臣前往克拉科夫向国王递交了弗龙堡神甫的名单，请国王选定四名神甫，以便神甫会从中选出一名主教，然后再请求教皇批准。1523年3月17日，齐格蒙特·斯塔雷接见了神甫会的使臣。4月4日，确定了主教的四名候选人，他们是：教长帕维尔·普沃托夫斯基、文物保护人莫里齐·费贝尔、副主教扬·斯库尔泰蒂和神甫蒂德曼·吉斯。吉斯当时正作为神甫会的使臣之一到国王身边。主教选举在4月14日进行，哥白尼参加了选举。结果得到国王支持的神甫莫里齐·费贝尔当选为主教。费贝尔的当选使十字骑士团十分不满。他们知道，新主教将和波兰密切合作，这无疑会使十字骑士团霸占瓦尔米亚的阴谋遭受严重挫折，甚至化为泡影。

瓦尔米亚主教莫里齐·费贝尔赢得波兰国王的信赖是有道理的。他出身于格但斯克的贵族家庭，是格但斯克市长的第10个儿子。16世纪初他在意大利留学，获得两个法学博士证书，一个是教会法博士，一个是世俗法博士。国王喜欢他，因为费贝尔家族对波兰国王是忠诚的，他的外甥扬·费贝尔甚至当了齐格蒙特·斯塔雷国王的私人秘书。

莫里齐·费贝尔主教没有辜负国王的信任，他和尼古拉·哥白尼一道努力，大大促进了战争创伤的

医治和重建瓦尔米亚经济的工作。两个人一起在1525至1528年从事移民工作，百分之四十的移民是来自玛佐夫舍地区的波兰农民。在密切与波兰的关系方面，两个人都做出了显著的贡献。

哥白尼早在费贝尔担任主教前许多年就同他很要好。哥白尼和费贝尔在对内对外政策上观点一致。在当选主教后，费贝尔不仅对波兰国王，也对瓦尔米亚神甫会进行了宣誓。在新主教获得教皇批准之前，主教区的行政管理权一直掌握在哥白尼手中。

哥白尼在卸任瓦尔米亚行政总管职务后，又两次当选为神甫会办公厅主任，一次是1523年，一次是1525年。他履行了自己的义务，并领导神甫会办公厅工作，编辑各种函件和监督神甫会的财务。他主持工作的这段时间刚好是同大首领及其办事人员发生冲突的时期。

冲突是由占领布拉涅沃的十字骑士团部队指挥官彼得·冯·多纳挑起的。在1523年夏，他洗劫了位于弗龙堡附近属于神甫会的克热村。神甫会和普鲁士各界向大首领临时代理人——桑比亚主教耶日·波伦茨提出交涉却无济于事。由于轻易取得了成功，多纳更加不可一世。1524年春他又对布拉涅沃

附近几个属于瓦尔米亚神甫会的村庄提出领土要求。桑比亚主教在这个问题上采取暧昧立场，因此神甫们就去请示费贝尔主教，并请求正在格但斯克的波兰国王使臣给予帮助。像过去一样，这次指控十字骑士团的文件也是由哥白尼起草的。波伦茨主教决定在布拉涅沃对这一案件进行审理。审判结果可想而知，对神甫会很不利。瓦尔米亚神甫们认为这次审判是不合法的，他们直接向波兰国王递交了指控书，这份指控书还是由哥白尼起草的，其中列举了骑士团破坏和平的种种罪行。国王命令十字骑士团把抢占的财产归还给神甫会。哥白尼在写给费贝尔主教的信中痛心地控诉了骑士团办事人员的倒行逆施，他深有感触地责问道："用信件去反对那些制造既成事实的人又有什么用呢？"和多纳的冲突并未就此结束。同年5月，多纳扣留了骑马经过布拉涅沃弗龙堡神甫会的一位市长，并侮辱他，诬陷他从事间谍活动，把他从马上掀下来，并且殴打了他的仆人。无计可施的哥白尼写信把这件事报告给主教，并讲述了骑士团大首领的临时代理人支持多纳所作所为的情况。哥白尼把十字骑士团对有关冲突问题的解释称为"诽谤"。为了防御傲慢的十字骑士

团的暴行，神甫会雇佣了30名士兵。在哥白尼所写的有关神甫会和多纳及其他骑士团人员冲突的信件中，贯穿着哥白尼对骑士团及其战争方式的强烈反感。哥白尼维护的不仅仅是神甫会的局部利益，也是波兰王国的利益，齐格蒙特·斯塔雷国王写给神甫会的信中肯定了这一点。国王在回信中对神甫会办公厅主任尼古拉·哥白尼的行动表示支持。

与表面现象相反，骑士团国家的内部形势是艰难的。首先是格伦瓦尔德战役的失败，接着又有和波兰十三年战争的失败，这摧毁了它的军事实力。经济也不景气，陈腐的国家结构，再加上马丁·路德改革运动的不断发展严重削弱了国家经济。虽然骑士团在德国皇宫积极开展外交活动，但德国因卷入了同意大利的战争，无力再向骑士团提供军事援助。在这种形势下，大首领根据马丁·路德的建议，决定取消骑士团国家，成立依附于波兰的世俗路德派公国，这样就可以享受世袭的公爵权利。这种想法得到骑士团部分领导人的支持，也得到波兰王宫中部分官员的支持。当时王宫中有些大臣曾提出把十字骑士团从普鲁士转移到波多利耶去的想法。1525年4月8日签订了波兰—普鲁士条约，几天后，阿尔布雷希特作为普鲁士公国的统治者，在克拉科夫市场上举行了向国王齐格蒙特·斯塔雷进贡的仪式。

此后的普鲁士王国被称为普鲁士公国。

克拉科夫条约是当时国际法中天主教国家承认新教国家的第一个条约。依当时的观点看，应该说这是波兰外交政策的一个不小的成绩，因为它标志着和十字骑士团的战争时期结束了，波兰北部边界的安全有了保证。

普鲁士公国的变化给哥白尼增加了不少工作。他必须把十字骑士团占领过的财产整顿好，一方面是恢复行政秩序，另一方面是恢复经济秩序。此外，哥白尼还和阿尔布雷希特大公的代表举行了会谈，讨论瓦尔米亚和普鲁士公国之间全面调整经济和社会关系问题。和邻国制定相应的正常关系准则，花费了哥白尼两年时间。1528年7月6日，这个准则得到批准和签署，哥白尼是签署人之一。1529年，哥白尼最后一次担任神甫会办公厅主任职务。和骑士团结束冲突这件事成了哥白尼生活中的一个转折时刻。保卫瓦尔米亚，抵御十字骑士团的侵略，领导瓦尔米亚经济发展和医治战争创伤，这段耗费哥白尼很多精力和心血的艰难时期终于宣告结束了。

改革货币

作为一名杰出的人文主义者，哥白尼对知识和社会生活的各个领域都很感兴趣，对经济领域的问题也很精通。他的经济管理知识来自书本的远不如来自亲身实践的多。管理瓦尔米亚神甫会巨大财产的经历，使他获得了不少知识。这位酷爱学习的人文主义者更像一位拥有地产的人或一位热忱的行政管理人，而不像一位学者，因为他只有很少空闲时间能读书和从事自己的研究工作。作为神甫会财产管理人，哥白尼必须操心如何让所有土地都得到耕种，并能得到最好的管理，以便获得最大的收益。瓦尔米亚生产的农产品远远超过瓦尔米亚的需要，哥白尼就把剩余的农产品卖到国外。普鲁士除各城市间相互贸易外，还有广泛的外部联系。不仅和波兰各经济中心保持经济往来，也和外国城市进行贸易。从事这些复杂的贸易和经济联系要求对货币问题有透彻的了解。哥白尼渊博的数学知识在这里找到了用武之地，因为贸易须借助各种不同货币进行，而这些货币的表面价值和实际价值千差万别。为了不上当受骗，必须了解各种货币制度和各种货币的价值，因为出售商品收入的货币往往是由不同造币厂制造的。

哥白尼积极参与的经济改革和整个共和国里有利于改革的气氛相联系。这个时期出现了许多改革方案，这些改革方案有各种改革方案都无法回避的对经济而言十分重要的国库问题、财政问题和货币问题。哥白尼生活时期所通行的货币制度还是中世纪遗留下来的，已经不能适应经济变化的需要。不仅在共和国，在普鲁士也同样出现了货币危机。这种危机因敌对的邻国为谋取暴利不惜假造波兰货币而进一步加剧。通过制造伪币获得的收入，并不比冒险抢掠的获得小。

当时的货币是用金属铸造的，主要是在银中加入一些铜来制造，很少用金制造。即使发行了新货币，旧货币也照样流通，因为它的贵重金属含量保证了它的实际价值。虽然法律对货币中贵重金属和其他金属的含量做出了规定，但有人为了谋利，常常改变这种比例关系。波兰法律规定，要发行贵重金属含量不断减少的货币。这种货币被称为不足价货币或含量不足的货币，它们表面所刻印的价值高于其贵重金属的含量。

因国家缺少统一的货币制度，又进一步加剧了金融市场的混乱。波兰本土、立陶宛和王属普鲁士都有单独的货币制度，各有自己的兑换率。王属普鲁士的造币法所依据的是很老的十字骑士团标准，按照这一标准，哥白尼生活时期的基本重量单位是海乌姆诺的格利夫那，相当于192克，用它可造20个格罗什，即60个谢降格或者720个德纳尔。在这一地区除了国王卡齐米日·雅盖隆奇克有造币权之外，托伦和格但斯克两城也有造币权。根据普鲁士归顺波兰的条约精神，埃尔布隆格也有权自造货币，虽然它并没有得到什么专门的许可。这个强大和富有的城市自己造币，主要是出于声望考虑，同时也为了获利。它造的货币投放市场，使市场更加混乱。

骑士团统治的普鲁士也有自己特有的货币制度。骑士团国家的货币是克鲁莱维茨造币厂制造的，质量不断下降，它的使用使波兰的经济形势更复杂化。在波兰市场上，骑士团劣币同其他一些价值较高的货币一道流通。这给王属普鲁士的经济造成特别严重的影响，因为与王属普鲁士国家毗邻，彼此有着密切的经济往来。骑士团大首领还故意向波兰市场投放伪币，尤其是和波兰交战时期的1520年投放量特别大。

价值比较高的良币从市场上消失了，因为有一部分人把它作为储存资本的好方法大量囤积；而另一部分人则把它运到国外熔炼，然后再用它造出更大数量的劣币。

货币紊乱造成的困难甚至导致克拉科夫的王国造币厂在1511年临时关闭。为此，对货币紊乱后果感触最深的社会阶层——贵族和神职人员，要求进行货币制度改革。

在王属普鲁士，像托伦或格但斯克和这种大城市的市议会，不同程度地阻碍着改革，虽然它们并不反对改革思想的本身。它们主要是想保留造币的权利，因为拥有造币权不仅会提高城市的威望，也能带来很大的收益。于是，从16世纪初开始，改革货币制度问题便成了王属普鲁士各界代表大会和议会的重要议题。初期，哥白尼只是消极地倾听有关货币问题的讨论；不久便作为行政管理人直接接触到这个问题。在有了实践经验后，他便成了改革的主要代言人之一，积极发表改革主张。随着时间的推移，各界要求改革的呼声越来越高涨。1516年5月，应普鲁士各界代表埃尔布降格大会的请求，瓦尔米亚主教法比安·卢兹扬斯基派使节向骑士团大首领提出交涉，请他停止破坏金融市场。

正是在金融危机最严重的时候，哥白尼就任了瓦尔米亚神甫会财产管理人的职务。哥白尼经常就神甫会的财政困难和金融损失问题与周围人交换意见，并提出了摆脱货币困境的出路。为此主教和神甫会要求他把自己有关现行货币关系的意见写成书面材料。在普鲁士各界代表责成瓦尔米亚主教提出适当的改革方案后，这个问题便显得更加紧迫。哥白尼很快投入准备工作，1517年8月中旬，哥白尼在奥尔什丁用拉丁文写出了有关货币论文的纲要，题目叫《深思熟虑》。纲要里包含了后来的在长篇论著中加以发挥的主要思想。这篇纲要受到人们赞扬，于是在1519年普鲁士实行货币改革时，有关方面专门征求了哥白尼的意见。后来，哥白尼把这篇纲要稍加修改，并译成了德文，以便让更多的市民了解这一问题。哥白尼给这篇德文译本取的题目是《造币方法》。1519年底在托伦召开的代表大会原计划要讨论货币问题，但因波兰—骑士团战争的爆发和骑士团对瓦尔米亚的侵略，不得不把这件事向后推迟了两年。

签订和约以后，货币问题又重新提上了日程。波兰国王也看到了改革的必要性，于是就鼓励甚至指示普鲁士各界进行货币改革。1522年3月下旬，这个问题正式列入在格鲁琼兹举行的普鲁士代表大会的议事日程。齐格蒙特·斯塔雷国王的使臣、弗沃茨瓦韦克教区主教马切伊·杰维耶茨基提请大会讨论统一波兰货币问题，统一的波兰货币也会在王属普鲁士流通。瓦尔米亚神甫会有两名代表参加了这次代表大会，他们是蒂德曼·吉斯和尼古拉·哥白尼。他们对十字骑士团非法占领瓦尔米亚的一些城镇和城堡正式提出指控。大会还请哥白尼宣读他三年前撰写的题为《论货币的信誉》的论文。

哥白尼撰写这篇论文时，使用了自己的数学知识，以及今天我们所说的社会科学知识，但首先是利用自己亲自观察和实践得出的结论。哥白尼把货币仅仅看成一种经济现象，按照其含金或含银和数量来评价它的价值。可见他是一位唯物主义者。按照哥白尼的理论，货币就是带标志的金或银，用它来抵偿买卖的东西的价值。为了使金属成为货币，必须在上面加印公章，公章应如实地标示出该金属中金或银的含量，从而为赢得公众信赖提供保障。哥白尼认为，铸造货币时掺加非贵重金属是必要的，以使硬币的形状具有相应的持久性，同时也使非法熔铸活动受到限制，甚至成为不可能。这种含义的货币是一种社会产物，用以方便商品交换。哥白尼认为货币包含着价值和信誉两个方面。货币的价值取决于其所含贵重金属的数量和质量，也就是取决于贵重金属在货币中所占的比例。这也是货币的内在价值，正是这种内在价值使货币成为商品，可以用它去换取其他商品。哥白尼反对改变货币中贵重金属的比例和含量，因此他建议货币的价值应成为固定的和不变的。然而他懂得，金和银之间的价值比例是会改变的，为此他在1519年提出，货币应该每隔25年或更长一些时间更新一次。这毫无疑问也考虑到欧洲经济变化的因素，这种变化自然也要影响波兰。

哥白尼所说的货币信誉是指货币的名义价值，也就是国家当局加盖的戳记所标示出来的数额。哥白尼认为，良币的名义价值应该等于其实际价值。但他承认，必须使名义价值略微高于它的实际价值，高出的部分相当于货币本身的生产成本。这个差额应该在戳记上标示出来，戳记"赋予物质以尊严"。

从哥白尼这些论述中可以看到一些普遍性的经济现象。哥白尼所列举的各种降低货币价值的方法中，还有一种剪取货币边角的方法，以便从这些边角中提取金银。针对这种情况，当时以及以后铸造的硬币都在边缘上刻印了文字。我们现在使用的硬币边缘铸成锯齿形，也是当时遗留下来的一种传统做法。

哥白尼的货币价值理论是先进的，远远超出当时的理论水平。在中世纪主要流行两种货币理论：唯名论和实在论。两种理论各有自己的货币价值标准，评价的根据也各不相同。唯名论认为货币的价值是由法律确定的，也就是说货币的价值是由货币以外的因素所决定的；而实在论则认为货币价值是由货币本身决定的。根据唯名论观点，货币的价值是由刻铭的印记加以表示的，而印记的确定由政权决定。这是货币的名义价值，哥白尼称之为货币的信誉。中世纪货币的汇率自由确定，这就使一些名义价值相同而金或银的含量不同的货币同时在市场上流通。哥白尼认为，货币的价值取决于货币本身贵重金属的含量，并不取决于货币的表面印记。可见，哥白尼是坚决反对唯名论的，他不承认统治者有自由确定货币名义价值的权利。

哥白尼严厉谴责骑士团普鲁士制造劣币和伪币的行为，充当了小贵族和农民，而首先是市民阶层的经济利益代言人，因劣币和伪币的流通使这些人蒙受了很大经济损失。

实在论认为货币的价值是由其中贵重金属含量所确定的。只有含有贵重金属的货币才能成为贸易交换的良好手段。随着国际贸易的发展、贷款业务的增加，以及金融经济的发展，实在论赢得了越来越多的拥护者，尤其是在市民阶层中。实在论反映了当时的主要经济关系；直到出现了以银行支票和票据形式的合同货币和结算货币时，实在论才失去意义。

弗沃茨瓦韦克主教杰维耶茨基坚决主张在波兰全国实行统一的王国货币。在这一主张的影响下，哥白尼提出另外一个非常重要的意见。他建议铸造同波兰一个格罗什相等的三个普鲁士谢隆格的铜钱，以使改革后的普鲁士货币同波兰本土的货币等值。通过这个办法，既保持了王属普鲁士货币的独立性，又能促进王属普鲁士和波兰本土货币的统一，同时也能为各地区之间签订贸易合同提供方便。

国王的使臣们很尊重哥白尼的建议，但普鲁士各界担心会冒风险，所以在态度上有些保留。1522年5月，即哥白尼在埃尔布隆格讲话发表三个月之后，格但斯克的议员们接受了哥白尼的意见，建议创办一座普鲁士造币厂，不盈利地铸造一种货币，然后再停止使用旧货币。这时格但斯克已经开始发行新的普鲁士谢隆格，每三个普鲁士谢隆格等于一个波兰格罗什。货币的图案上有国王齐格蒙特·斯塔雷的图像。两年后，格但斯克开始发行新货币，但它的含银量未能达到预定的数量，因为格但斯克人并不想放弃从制造货币中能够捞到的好处。格但斯克制造不足价货币，引起了普鲁士各阶层的抗议。同年，波兰国王下令禁止格但斯克市议会继续发行货币。对哥白尼基本主张的各种歪曲，并未影响哥白尼继续深入探讨货币的改革方案。

这个问题因骑士团国家1525年世俗化和成立普鲁士公国而显得尤为突出。新建的普鲁士公国作为波兰的附属国不能仅仅体现在形式上。国王要求普鲁士各界在普鲁士的两部分地区，即王属普鲁士和普鲁士公国，尽快解决货币问题。国王建议依照自己的秘书尤斯图斯·德茨尤什在1526年编制的方案进行改革。德茨尤什在《论货币铸造》一文中建议发行一种新的、更好的货币，这种货币可同时给国王和向造币厂提供银子的人带来收益。德茨尤什并不主张收回老的、贬值了的货币。他提出了一个同哥白尼相反的定律，即良币将会从市场上驱逐劣币。他还建议在波兰、立陶宛和普鲁士统一货币的重量、成分和规格。他认为，普鲁士可以

拥有自己的造币厂，但应该是托伦造币厂，而不是格但斯克造币厂。德茨尤什的方案不同于哥白尼的建议，但它更适合于中世纪的货币理论。它不像哥白尼的主张那样富有远见，却赢得了齐格蒙特·斯塔雷国王和许多宫廷大臣的赞同。1526年，国王在格但斯克出席普鲁士各界代表大会时，介绍了德茨尤什提出的货币改革方案。同年7月17日，国王对王属普鲁士发布指示，宣布要对普鲁士货币实行改革，以便使它同波兰本土的货币统一起来。从此，王属普鲁士的货币就由格罗什、谢隆格和迪那里构成，它们也通用于普鲁士公国。

这项改革在普鲁士各界引起争论，并对它提出许多质疑。作为德茨尤什方案的主要批评者尼古拉·哥白尼被请到格但斯克参加会议，并请他在会上发了言。7月18日普鲁士各界给德茨尤什寄了一封辩论信，对他的理论提出了不同意见。哥白尼希望能在普鲁士保留谢隆格，因为它是普鲁士具有悠久历史传统的货币。这封信重述了哥白尼的主张：在每枚货币上都刻印上国王的形象、用拉丁文书写的国王名字和其他一些有关标志。在每枚谢隆格上，建议刻印波兰王国国徽和有关的拉丁文字；而在货币的背

面刻印普鲁士地区的徽记。通过这种办法强调普鲁士地区从属于波兰国王。在和德茨尤什进行辩论的同时，哥白尼要求他参与讨论普鲁士货币改革问题。

有两年时间，德茨尤什一直在回避对普鲁士货币改革方案进行深入讨论。而在普鲁士各界代表大会上和普鲁士公国里则展开了热烈的讨论。当改革的各种反对派被说服后，普鲁士两部分地区一致决定：为普鲁士两部分地区所设计的新的共同货币方案将提交1528年3月16日在埃尔布隆格召开的各界代表大会进行讨论。费贝尔主教建议瓦尔米亚神甫会派出最熟悉货币事务的代表，即尼古拉·哥白尼神甫、扬·费贝尔神甫和费利克斯·赖希神甫参加大会。哥白尼没有参加这次会议。这次会议也没有就这一问题做出任何有约束力的决议。会议最后决定把这一问题提交给将于1528年5月8日在马尔堡举行的贵族代表大会。德茨尤什宣称将把自己的新方案提交这次代表大会。

费贝尔主教非常关心的是，这次贵族代表大会不能没有最杰出的普鲁士货币事务专家尼古拉·哥白尼参加。3月份瓦尔米亚主教就将哥白尼召到自己在利兹巴克的官邸，和他协商关于这个问题的立场。为

了与主教进行这次会见，哥白尼准备了自己《论货币的铸造》一文的第三稿。这一稿包含了和德茨尤什方案的辩论内容，也有对货币改革理论的广泛阐述。这部著作为哥白尼赢得了巨大声誉，并作为革新派经济论文的范例载入史册。瓦尔米亚主教指示神甫会派哥白尼以主教顾问的身份参加马尔堡贵族代表大会。赖希神甫也参加了哥白尼与主教在利兹巴克的会见，他想从哥白尼那儿获得更多有关新货币理论的解释。

哥白尼积极参加了1528年5月8日在马尔堡举行的王属普鲁士贵族代表大会。骑士团普鲁士的代表也参加了这次大会。5月14日，哥白尼被选为代表大会专门工作委员会成员。普鲁士两部分的代表，以及格但斯克和埃尔布隆格的造币匠也参加了这个工作委员会。委员会主要讨论了淘汰旧货币的方法，以及按照国王指示铸造新货币的样式和大小问题。经过一周讨论达成了协议，代表大会根据这一协议通过决议，停止使用希维德尼察的劣币，暂时先在普鲁士公国停止流通。

哥白尼货币改革理论的主要反对者尤斯图斯·德茨尤什在7月下旬来到托伦参加贵族代表大会。应会议参加者的请求，7月22日他对当时

讨论和提出的各种方案作了总结，对哥白尼改革方案的重要内容也做了介绍。哥白尼的最新改革方案提出：

——在"先进公民"中展开讨论，以便使他们在具有广泛代表性的大会上一致通过货币改革决定；

——取缔现有的多种造币厂，代之以一家造币厂为整个地区铸造货币；

——发布禁令，禁止在商业活动中使用旧货币，并把它撤出流通领域；

——用每磅纯银铸造20个格利夫那，每个格利夫那等于20个格罗什（旨在使普鲁士货币和波兰货币相平衡）；

——确定发行货币的限额；

——同时发行所有类别的新货币。

哥白尼的方案表达了主张彻底进行货币改革和进行重大经济改革的人们的愿望。投票支持哥白尼方案的是那些期望统一普鲁士两部分地区货币制度，并进而与波兰货币制度也进行统一的人。他们希望通过统一货币制度来加强和共和国其他地区，尤其是和波兰本土的经济联系。哥白尼改革方案的基础是重新调整货币价值，即提高普鲁士货币的价值及其购买力。方案设计者预计，旧币拥有者在兑换新币的初期将会蒙受一定的损失。哥白尼预言，蒙受的损失将会在短期内得到补偿。他也考虑到改革可能给社会最贫困阶层带来的后果，并得出结论：改善货币最终也会给农民带来好处，因为他们也将按较高的价格出售自己的农产品、牲畜及其他东西。相互的买卖关系会使货币的相对价值得到稳定。

哥白尼在确定新货币单位时，想借鉴匈牙利金币，即杜卡特，这种货币在波兰也流通。一枚杜卡特等于40个格罗什，即两个普鲁士格利夫那，内含十分之一磅银。通过这种方法就可使普鲁士货币与波兰货币达到统一。货币应该成为国家内部的黏合剂，成为普鲁士和其他地区统一的促进因素。哥白尼计划使新的普鲁士货币在全波兰市场上处于同波兰本土货币及立陶宛货币平等的地位。在设立新造币厂问题上，哥白尼提出了可供选择的两种方案：或者两部分普鲁士只建一家造币厂，或者每部分各建一个。按照第一种方案，两部分普鲁士地区的共有货币上，一面是王属普鲁士的徽记图案，另一面是骑士团普鲁士的徽记图案，而两种徽记的

上方都刻印上王冠，象征波兰国王至高无上的权力。按照第二种方案，货币的一面是普鲁士地区的徽记图案，另一面是波兰国王的头像或者波兰国徽。这清楚地说明，哥白尼认为自己既属于波兰，也属于普鲁士。

7月23日，德茨尤什介绍了自己的和其他一些人的货币改革方案，其中也包括哥白尼的方案。然后普鲁士各界代表通过了关于造币章程的决议。大会最后授权德茨尤什来执行这一章程。不过，哥白尼的一些改革主张也得到实施。哥白尼关于统一全普鲁士货币制度的主张被采纳了，在托伦设立了一个既为王属普鲁士，也为普鲁士公国服务的造币厂。根据哥白尼的主张，通过平衡迪那里和格罗什，以及其他几种货币单位之间的价值关系，使普鲁士货币制度融入了波兰的货币制度。以1526年彼得库夫议会通过的波兰本土货币的含金量标准为基础，确定了新货币中的贵重金属含量。按照马尔堡贵族代表大会通过的决议，王属普鲁士加入了与波兰的货币联盟，紧接着普鲁士公国也效法王属普鲁士加入这一联盟。哥白尼的其他一些主张则未被采纳，使得这次改革具有不彻底性。

同哥白尼提出的主张相反，大会认为造币业应该继续为当权者带来收入，为此并没有把所有旧币都撤出流通领域，但仍可流通的只限于1521年以前铸造的旧币。抛弃了哥白尼提出的保留谢隆格作为普鲁士传统货币的方案，用波兰的格罗什取而代之。后来发现这确是一项好措施，它使普鲁士的货币制度和波兰本土的货币制度更加紧密地结合在一起。

部分失利并未使哥白尼气馁，他仍然为实施改革而奋斗，尽管改革并未完全按他的主张进行。1529年2月14日至17日，哥白尼参加了在埃尔布隆格举行的贵族代表大会，会上讨论了撤销旧劣币方式问题。这些旧劣币还需要再流通一段时间，因为托伦造币厂不能立刻造出大量的新币进行替补。这次代表大会通过了撤销旧的普鲁士迪那里的决议。哥白尼从那时起就不想再使用旧币，他请求费贝尔主教给他寄些新的普鲁士迪那里。瓦尔米亚主教仍认为哥白尼是最杰出的货币问题专家，在这些问题上不听取哥白尼的意见就不会作任何决定。1530年10月底，他派哥白尼为代表参加了在埃尔布隆格召开的王属普鲁士代表会议。国王的秘书和顾问德茨尤什以及阿尔布雷希特大公的使臣都参加了这次大会。大会的宗旨是确定金币和银币之间的比率。哥白尼在讨论时发言，他采取了不同于其他发言者的立场，他建议先考虑一下用一格利夫那金子能造多少金币，而一格利夫那银子又能造多少银币，然后再探讨两种货币的比价。这样，哥白尼就站到了纯科学立场上，这并不是脱离实践的空洞理论，而是符合客观的实际主张。然而，参加讨论的人却未能就这一问题达成协议，于是只好将讨论推迟到以后举行。

此后举行的一些讨论货币问题的代表大会和其他会议，哥白尼都没有参加。这些会议讨论的都是和实行普鲁士货币改革有关的具体问题。为筹备改革紧张工作了14年之后，哥白尼亲眼看到了自己取得的部分胜利。

哥白尼撰写的关于货币问题的论文，表现了哥白尼在经济实践和经济理论方面的强烈兴趣。哥白尼的经济观点是与文艺复兴时代的经济发展密切相连的。人文主义和科学复兴的故乡，即意大利的一些城市，是哥白尼最愿意效法的经济楷模。哥白尼从意大利不仅学到了天文学知识和艺术知识，也学到了先进的管理方法。这种管理方法中的许多要素在16世纪已经对波兰产生了影响。货币作为使国家富强的重要手段在新经济中起重要作用。哥白尼认为，劣币会带来懒惰、消极和无所作为，而这种状况又会导致国家经济衰败。所以，哥白尼谴责懒散行为，并不是因为它违背教会的教诲，而是因为它危害本国经济，是对自己国家的犯罪。坚持这种观点的哥白尼并不孤立，不久后英国就专门通过了一种法律，规定要对逃避正当劳动的人给予严惩。

哥白尼本人是一位异常勤奋的人，临终前几天他还继续从事各种工作。表面上看，哥白尼的多种爱好之间好像没有什么直接联系。而实际上却有着密切联系，表面看很抽象的知识却很有助于他认识世界和改造世界。哥白尼不仅在纯科学领域和僵化的观点间进行斗争，而且把这一斗争扩展到社会生活和经济生活领域。哥白尼摈弃了中世纪经济自给自足的观点，这种观点认为不仅全国的经济应该实现自给自足，各具体庄园甚至较小的农户也应该做到自给自足。哥白尼敢于向圣托马斯·阿奎那这样的大权威挑战，公开宣传经济发展最重要的条件之一是多边贸易，而不是自给自足。哥白尼并不认为用自己的产品进行贸易有什么不好，而当时的贵族则认为这是有损人格的可耻行为。

1531年底，哥白尼在视察工作期间，在奥尔什丁编制了一份称作"奥尔什丁面包定价表"的材料，对该市及瓦尔米亚其他城市的面包价格和分量做出了具体规定。在面包价格问题上，他一方面为居民着想，尽可能压低面包价格；而另一方面认为也要使面包匠能有"适当的"收入。面包的价格应该等于所用面粉等原材料的价钱。而面包匠的工资和面包的运输费用，则靠糠麸和筛屑等副产品的收入来支付。这是中世纪所大力提倡的一种公正价格。哥白尼把"使面包具有真正合理的分量和价格"看作自己工作要达到的目的。这种正确价格的确立要取决于谷物、盐和酵母的价格，以及面包匠所投入的劳动量。这样，哥白尼成了消费者尤其是那些最贫穷消费者利益的代言人。当时面包往往是波兰贫苦人家唯一的食品。

作为经济学家，哥白尼是一位很有趣的人。他的经济管理才干使他成为一位好主人和有能力的组织者，他还善于将这方面的实践经验应用到理论研究中去。他在理论上探讨的问题，并不是脱离具体实践的哲学投机，而是和可预见的经济发展密切相关的问题。哥白尼把经济现象看作客观规律作用的结果，并采用科学研究方法探索经济规律。哥白尼虽然是一位神职人员和法律学者，但在经济研究中，却摆脱了宗教和法学观点的束缚和影响。他考虑的是广大社会阶层的经济利益，而不单纯是封建贵族阶级的利益，因此哥白尼是当时先进的市民阶层利益的代言人。当时市民阶层反对在经济和社会生活中占据统治地位的封建关系。他的改革设想是针对封建管理理论的，他努力用符合新经济形势的新理论去取代那些封建理论。在当时，他的经济模式是先进的和富有创新精神的。在这种模式中他没有考虑封建阶级的利益，虽然他本人作为瓦尔米亚的神甫也属于这个阶级。他考虑的首先是手工业者和他常说的创造财富的人们的利益，而这些人正是封建贵族所蔑视的劳动者。他代表着主要由封建主组成的改革派，但他的主张并不是为巩固封建主义服务的，而是为他出身的那个市民阶层服务的。贫苦人尊崇哥白尼，并把他看作自己的庇护者和代言人。作为神甫会财产管理人、封建主大人、神职人员和医生，他用自己的智慧和力量为贫苦人民服务了一生。

宗教改革

1531 年以后，哥白尼逐渐减少了从事多年的公共服务工作，开始投入较多的时间从事自己所喜爱的科学活动。哥白尼虽然属于神甫会中年事最高的长者和任职时间最长的人，但仍然只是一位普通神甫。青年时代熟悉的人大多已经离职，接替他们的是比哥白尼整整晚一辈的青年人。哥白尼跟他们没有太多的共同语言，因为这些年轻人的生活阅历和知识都无法和哥白尼相比。青年人以十分崇敬的目光看待哥白尼，把他看成一位智慧老人，但在路上相遇却多对他加以回避。在他的老朋友中只剩下了从前的一位同学——蒂德曼·吉斯。另外一些担任了重要教会职务的人，早已把与哥白尼相识之事忘得干干净净，用冷漠的、甚至有时是不友好的态度对待他。哥白尼没有多少朋友，甚至能与自己一道分享天才发现的熟人也很少。

在意大利以北的一些国家里，在当时一个旨在改革宗教的思想运动正在兴起，后来发展到反对教会、教皇及其整个统治系统。这场宗教改革运动是和德国威丁堡教授马丁·路德的名字联系在一起的。马丁·路德是16世纪宗教改革的介导者。他强烈谴责教会从事的赎罪券交易，否定主教会议的绝对正确和教皇的权威，要求取消宗教等级制度。他

把福音书看作信仰的唯一基础，他摒弃了许多宗教仪式，取消了对圣人的崇拜和修道院的宣誓活动。他要求神职人员完全贫穷，剥夺教会占有的财产。路德学说的拥护者被称为新教徒。不久，德国新教徒与罗马天主教徒之间开始了一场宗教争斗，罗马天主教徒以皇帝卡罗尔五世为首。德国贫民把改善命运的希望寄托在宗教改革上，德国农民奋起投入了反对封建主和封建社会剥削的斗争。明策尔成为农民起义领袖，他宣布了人人平等的原则。他的拥护者被称为反洗礼教派信徒，他们实行两次洗礼，因为他们认为婴儿时的洗礼是无效的。路德宗教改革的影响遍及所有西欧和北欧国家。

在法国和瑞士，约翰·加尔文掀起了另外一种宗教改革运动，他像路德一样摒弃了教会学说，把圣经看作信仰的基础。加尔文不承认多数宗教仪式，在取消宗教仪式方面比路德走得还远，他把音乐和绘画从教堂中排除出去，礼拜活动也只局限于布道、合唱和接受圣餐。加尔文的改革思想首先席卷法国、荷兰、英国、苏格兰和瑞士的一部分，匈牙利和波兰也出现了加尔文派的拥护者。在波兰赞成加尔文思想的主要是渴望实行改革的波兰小地区的贵族。在立陶宛也出现了加尔文思想的拥护者。在波兰又从加尔文思想派生出一个叫作波兰兄弟会的激进派别，他们的口号是人人平等，他们要求改善农民的命运。

宗教改革运动在波兰遇到了适宜的气候。当时正值波兰着手进行诸多改革的时期，贵族正在为争夺国家领导权而斗争。成立摆脱教皇控制的民族教会的思想，赢得了许多拥护者。同欧洲重要宗教改革家提出的主张无关，波兰一些思想家提出了自己的改革建议。

齐格蒙特·斯塔雷国王试图反对宗教改革运动，为此他发布了一系列布告和禁令。在当时贵族和神职人员之间经常因为什一税和教会审判权等问题发生冲突，正是这种冲突为宗教改革运动开辟了道路。

路德改革思想很快席卷了波兰，并在骑士团普鲁士扎根。在王属普鲁士，其中包括哥白尼的永久逗留地——瓦尔米亚，改革思想也得到了迅速传播。宗教改革运动对瓦尔米亚神甫会构成威胁，因为这种运动将会抹杀它存在的意义。为此，与这种改革运动的斗争要比同一种新的宗教斗争还重要。哥白尼对这些神学辩论不感兴趣，他也没有谴责宗教改革者。哥白尼懂得，如果他谴责宗教改革者，那将会是非常不道德的，因为他自己所从事的研究工作也正是反对正统教会思想的。他对社会改革的兴趣主要是经济性质的问题。他从来没有像神甫会其他同事那样厌恶路德的信徒，他的第一个学生就来自马丁·路德身边。

在市民阶层看来，路德主义是一种廉价的宗教，并不要求人们为教会做出多少贡献。封建地主和穷人都对路德主义寄予希望，希望能把教会的巨大财富分掉。正是基于这样一种认识形成了有助于宗教改革思想传播的条件，这一点哥白尼是十分清楚的。

布拉涅沃成为瓦尔米亚宗教改革运动的重要中心。该城市的老百姓和市议会发生了尖锐冲突，并多次发生骚乱。对各种改革思想，其中包括路德学说来说，这里有良好的传播基础。国王齐格蒙特·斯塔雷对事态发展感到不安。国王担心这场宗教改革运动不仅席卷整个瓦尔米亚，而且会席卷像格但斯克、托伦这样的王属普鲁士的大城市。国王想不惜任何代价阻止这种情况发生，但实际上他只是延缓了传播过程，而并未真正遏制住它。

在波兰和普鲁士最高官员的陪同下，国王亲自来到格但斯克，在

那里血腥镇压了路德派反叛首领，随后又平定了布拉涅沃和埃尔布隆格的动乱。钦差大臣们开始在这些城市侦缉路德教的宣传鼓动者。

在埃尔布隆格爆发了非常激烈的冲突，导致冲突的宗教问题和社会问题交织在一起。但事件的主要性质是穷人暴动，是反对贵族和富有神职人员的压迫。暴动在1525年2月1日开始，当时路德教的信徒提出反对多明我会修道院，并想要铲除这座修道院。拥护路德教的市议会下令禁止多明我会修士在教堂布道和传教。平时深受市议会压迫的小市民利用多明我会修士事件，向议会提出了各种要求，譬如减税和改

※圣母大教堂前的马丁·路德雕像

组议会等。

　　起初小市民们试图通过谈判迫使议会让步，但当他们发现谈判无济于事时，就转而去找马尔堡县长斯坦尼斯瓦夫·科希切莱茨基来帮他们出主意，同时要求市议员们辞职。

　　2月6日，百姓们推翻了市议会，把6名议员驱除出议会，留下9名，又推选了15名新议员。这次暴动中产生的新议会统治持续9个月。埃尔布隆格的百姓们曾幻想：他们能得到波兰国王的支持，国王会赞许他们的意见。然而国王的钦差大臣们却把造反者选出的议员全都赶出议会，同时发布了一系列反路德教的指令，禁止宣传和传播路德学说。一场群众性运动就这样被平息了。

　　哥白尼的学说在欧洲传得越

※哥白尼的日心说违反了欧洲宗教所尊崇的地心说，路德教也认为哥白尼的学说是危险的

来越远，影响越来越大，也传到了路德的耳朵里，但对路德教来说，也和对罗马天主教一样，哥白尼的学说是危险的。这位伟大的宗教改革家是这样看待伟大科学革命家的发现的，他写道："有人提到一位新天文学家，说他想证明：不是太空或天、太阳和月亮……而是地球自身在动，在转圈子。现在的事儿就是这样：谁想当聪明人，谁就得想出点儿特殊的东西来，而且又一定是最好的。这个蠢人妄想把全部天文学颠倒过来。然而，正如《圣经》所指出的，约书亚命令太阳，而不是地球，停止不动。"路德的说法传到了哥白尼的耳朵里，而部分普鲁士地区的路德教信徒也知道了路德的这一看法。费贝尔主教发出的严厉指示使人们开始回避路德教的信徒。弗龙堡的神甫，其中包括哥白尼，都不大愿意和路德教信徒来往。不久之后，从埃尔布隆格又传来一个消息，这消息使哥白尼感到痛心。在1531年2月19日，当地的路德教信徒们在狂欢节化装舞会上嘲笑了教皇、红衣主教、主教、神甫以及其他一些神职人员。费贝尔主教在狂欢者行列中看到了影射自己的丑角形象，那是一个穿着主教服装滑稽可笑的人，在大街上边走边散发用来宽恕堕落和凶杀行为

的赎罪券。行列中还有一个打扮成弗龙堡神甫模样的人在装腔作势地宣扬，他定住了太阳，转动了地球。这番表演在聚拢的闲客中引起阵阵哄笑。然而，这件小小闹剧只不过是哥白尼年老时将要遇到的一系列痛心事的预告而已。此后许多年，愚昧人的嘲笑声一直伴随着哥白尼。一些对哥白尼不友好的人因这位智慧超过他们的人被嘲笑而感到幸灾乐祸。

莫里齐·费贝尔是哥白尼在瓦尔米亚生活时期的第三位主教。当他感到自己的末日已经来临时，他留下了遗嘱。在遗嘱中他提出要留给自己最亲密的顾问哥白尼100个弗罗伦，却没把他作为自己的接班人。费贝尔早就想把瓦尔米亚主教的宝座留给自己的舅舅——哥白尼的好友蒂德曼·吉斯。费贝尔主教在临终前也表示，要把海乌姆诺主教职务交给蒂德曼·吉斯，同意让丹蒂谢克担任副主教。1537年7月1日莫里齐·费贝尔主教去世，神甫会又开始选举新的瓦尔米亚主教。从神甫们提交的名单中，国王挑选出四名主教候选人，神甫会要从这四人中选举主教。国王挑选出的四名候选人中有尼古拉·哥白尼，其余三人是扬·丹蒂谢克、扬·齐梅尔曼和阿哈希·冯·特伦克。哥白

尼是第一次被提名作候选人，而且还主要是出于礼貌考虑，因为忠于国王和波兰，并且献身于天主教事业的扬·丹蒂谢克当选为主教是必定无疑的。选举扬·丹蒂谢克担任瓦尔米亚主教就结束了国王与神甫会之间有关选举国王喜欢的人担任这一职务的多年争执。

早在青年时期，哥白尼就和丹蒂谢克相识。当时丹蒂谢克是一位爱好文学的人文主义者，并且是一位很出色的波兰文——拉丁文诗人。他当了海鸟姆诺主教后，哥白尼仍和他保持着密切联系。

扬·丹蒂谢克的真名是汉斯·弗拉克斯宾德尔，扬·丹蒂谢克是他的化名。他一生中曾几次更换化名，这在文艺复兴时期很时髦。丹蒂谢克比哥白尼年轻12岁，他过着完全不像神职人员的活跃生活。17岁时参加了反对土耳其人和鞑靼人的远征。后来回到克拉科夫，在亚历山大·雅盖隆奇克国王身边工作。当王宫里的工作使他感到厌倦时，他就离开王宫到世界各地漫游。他游览了意大利、希腊、圣地巴勒斯坦和阿拉伯半岛，以及西班牙和其他一些国家。在意大利他获得了古典文学家称号，并成为杰出的诗人。在外交方面也很有天才。他性情活泼、机敏，善于交际。

王宫开始注意丹蒂谢克，因为国王很需要具有外交天才的人。另外他又是一位很好的波兰爱国者，并熟悉普鲁士事务。起初他给国王当私人秘书，陪同国王访问了维也纳，后来作为波兰大使留在维也纳皇宫。他很快成为欧洲有名的诗人，马克西米连皇帝也授予他桂冠，以表示对他天才的赞赏。作为波兰大使他周游世界17年，陪伴皇帝从一国首都到另一国首都游览，甚至还陪皇帝亲临前线的一些战场。他一直忠于波兰，需要时他也从事过反对皇帝的活动。皇帝看重他不仅仅因为他是诗人，也因为他是能干的外交家。他曾以马克西米连皇帝的名义出使威尼斯，担任和谈的中介人。他还受卡罗尔皇帝的委托到巴黎与哈普斯堡的对手法国国王达成谅解。他能够调解皇帝和教皇的关系，使他们联合起来共同反对土耳其人。

丹蒂谢克是欧洲当时比较知名和比较受欢迎的人之一，而作为诗人，也可称为杰出诗人。在以尽情享受生活乐趣为时髦的时代，他也不甘落后。他在欧洲许多地方都有情妇，他充满色情的诗歌中所赞颂的是美酒、女人、爱情和歌声。

然而，时代发生了变化，过

分享受轻松愉快生活的做法已经不再时髦了。宗教改革运动席卷了欧洲，人民掀起了暴动。丹蒂谢克也发生了变化，他摇身一变，成为习惯势力的坚决维护者和道德学家。就连他从前的游乐伙伴也把他这种突然转变当作一种讽刺，或者当作取笑这个厚颜无耻者的绝妙把戏。

丹蒂谢克开始维护教会利益，与路德学说展开斗争，一有可乘之机，他便沿着教会的阶梯向上爬。爬教会阶梯就好像是他的副业一样，他知道，这方面的收获对他迟早是有用的。波兰国王先后授予他一系列负责教会的职务：先后把克拉科夫郊区的戈翁布教区、弗龙堡大教堂、格但斯克最大教区以及海乌姆诺主教区交给他掌管，直到最后作为大公就任利兹巴克的瓦尔米亚主教。担任这一职务几乎使他成为国王在王属普鲁士的全权代理人。丹蒂谢克开始在王属普鲁士严厉打击宗教改革运动，在这方面他远远超过了所有前任。

丹蒂谢克严厉禁止阅读路德主义书籍，尤其是由马丁·路德译成德文的圣经。丹蒂谢克认识宗教改革运动的主要领导人——马丁·路德和菲利普·梅兰希顿，并且曾经以此为荣，感到骄傲。

丹蒂谢克和菲利普·梅兰希顿的交往持续很久，他们之间经常有通信往来。丹蒂谢克怀着极大兴趣注视着梅兰希顿发表的作品。

几年以后，路德被开除出基督教会，于是丹蒂谢克也不再承认他们的相识。1519年丹蒂谢克参加了卡罗尔五世就任罗马皇帝的加冕典礼，并与卡罗尔五世一起到了意大利，在那里当调解人，促使皇帝同教皇于1529年签订了合约。第二年又遵照齐格蒙特·斯塔雷的指示在奥格斯堡帝国议会上为阿尔布雷希特进行了辩护。这时他很渴望返回波兰，但国王并不急于撤回赋予他的使命。

※ 马丁·路德

爱情夭折

1532 年7月，丹蒂谢克奉召回国。这时波兰国王已经替自己喜爱的这个人做好了安排，准备让他给有病的瓦尔米亚主教莫里齐·费贝尔当副主教，以便以后出任瓦尔米亚主教。瓦尔米亚主教和神甫会则希望推选自己人——让一直生活在瓦尔米亚的蒂德曼·吉斯担任副主教。哥白尼也热情地支持自己的朋友当选，正是哥白尼以主教和神甫会的名义起草了一封致各位总督、各城堡司令和神甫的公开信，信中阐述了需要为费贝尔主教选一名助手和继承人的原因。信中列举了蒂德曼·吉斯的优点："有学问、正直、热情、信仰坚定。"然而，国王的意志打乱了瓦尔米亚主教和神甫会的计划。1533年，格但斯克啤酒酿造工的儿子丹蒂谢克从他朋友和庇护人彼得·托米茨基主教手里接受了授予他的神职，当上主教。丹蒂谢克知道，哥白尼当初并不支持他当选，于是便把这件事牢牢记在心里。在担任海乌姆诺主教时，丹蒂谢克曾于1533年邀请哥白尼和费利克斯·赖希到卢巴瓦官邸去欢度复活节后的第一个礼拜日。他在邀请信中称赞哥白尼知识渊博，有很多优点，同时说他帮哥白尼在世界上扬了名。

哥白尼对这封邀请信持很大保留态度，他有礼貌地婉言谢绝了邀请，表示不能去拜访这位新上任的主教。哥白尼在回信中写道：

"有您这样的庇护人，我实在有说不出来的高兴。至于阁下要求，让我在本月20日到阁下那里去，有拜访阁下这样的朋友和庇护人的重要机会，我真是再高兴不过了。可惜不幸的是，这段时间恰好有一些必须做的事情使我不能离开这里。请阁下不要因我们的缺席而见怪。"

哥白尼给丹蒂谢克写过不止一次信，信中常常解释他为什么没有出席有主教参加的隆重仪式。

哥白尼总是有礼貌地答复丹蒂谢克的每次来信，他不允许自己和主教发生冲突，甚至也不能有一点儿轻视主教的迹象，因为主教背后站着波兰国王。哥白尼在回信时，还把自己得到的外部世界的消息告诉给主教。哥白尼对政治感兴趣，所以就向主教叙述他听到的各种事件，而主教曾经当过十几年外交官，对此也很有兴趣。

哥白尼与丹蒂谢克的关系逐渐正常起来。丹蒂谢克在就任瓦尔米亚主教以后，曾经向哥白尼建议让齐格蒙特·斯塔雷国王的私人秘书斯坦尼斯瓦夫·霍兹尤什来接替自己。霍兹尤什后来成为红衣主教。

丹蒂谢克多次请哥白尼治病，哥白尼是唯一能向他提供有效医疗的医生。

丹蒂谢克刚刚当上瓦尔米亚主教，就与弗龙堡神甫会的一些神甫发生了矛盾。他开始清算那些以前阻碍，特别是反对他担任瓦尔米亚主教的人。这其中可能包括哥白尼的女管家安娜·希林。

哥白尼由于安娜·希林，遭受许多磨难。哥白尼已经是一位老人，而安娜·希林虽然也度过了青春年华，她的美貌却仍然十分引人注目。当时在弗龙堡神甫们的女管家、佣人和女厨子中，安娜·希林显得与众不同，其原因不完全因为她的年龄和容貌，否则为什么这位非常注重道德和关心拯救神甫会成员灵魂的主教丹蒂谢克，在哥白尼去世几年之后仍然禁止神甫会成员与她保持任何联系呢？

安娜·希林出身于格但斯克一个富有家庭，她来为哥白尼当管家并不是出于物质利益的考虑。哥白尼在自己的书和草稿的空边上经常画一些常春藤叶——希林家族的徽章图案，由此可见是感情把他们联系在一起的。哥白尼没有被授予更高的教职，所以他不受严格禁欲要求的束缚。哥白尼很早就认识安娜，早在筹备普鲁士货币改革时

期就与她的家庭有着密切往来。安娜的父亲马切伊·希林是文艺复兴时代最杰出的设计和刻制币章图案的工匠之一。这一家人原籍是阿尔萨斯的维桑堡，同德茨尤什一家一起在15世纪来到克拉科夫。1507年，马克西米连皇帝封他们为贵族，后来齐格蒙特·斯塔雷国王承认了他们的贵族地位。这个家族使用的徽章图案是一枝三叶常春藤，周围是圆环。哥白尼在自己笔记本的空边上画的正是这种图案。尤斯图斯·德茨尤什推选马切伊·希林担任改革后的托伦造币厂厂长后，马切伊·希林不仅负责这个厂的管理工作，同时还为波兰货币设计图案。1535年托伦造币厂关闭以后，希林转到格但斯克，到那里也担任造币厂的领导。哥白尼正是从那里把他的女儿安娜带到了弗龙堡，让她协助自己料理家务。

哥白尼和希林家族有着某种远亲关系，这可能是哥白尼带走安娜的一个前提条件。尽管安娜很年轻，可还是来到了这位老神甫的家。丹蒂谢克刚到利兹巴克就任主教时，安娜已经在哥白尼的家里居留了五年。丹蒂谢克作为瓦尔米亚主教，逼迫哥白尼把安娜赶出家门，并通过自己的仆从对哥白尼进行监视，看哥白尼是否还和安娜会

面。哥白尼执行了主教的指示，让安娜离开了自己的家，但却一直同安娜保持见面，直到去世为止。而安娜在哥白尼去世后又在弗龙堡住了一段时间才回到格但斯克。丹蒂谢克不仅亲自提醒哥白尼，还曾动员哥白尼的朋友——海乌姆诺主教蒂德曼·吉斯和费利克斯·赖希神甫做说服哥白尼的工作。费利克斯·赖希对主教做了很巧妙的回答，他表示理解丹蒂谢克要拯救哥白尼灵魂的愿望，也赞成主教的立场，但他说，如果直接说哥白尼的话，那哥白尼有可能会羞愧得要自焚。

哥白尼在执行上司旨意时，忍受了巨大的别离之苦。他给上司的答复是恭顺的，然而字里行间却充满着伤感。哥白尼在回信中这样写道：

"我和大家都尊敬的至圣之父和最仁慈的先生：

我把阁下的告诫视为父亲般的，甚至超过父亲般的劝导，我在内心深处接受这些告诫。我起码没有忘记阁下笔统提示的第一个问题，我很想按阁下希望的那样去做，但是想要立刻找到有亲缘关系并且正直的女管家并不容易，所以准备最迟在复活节之前解决这个问

题。现在，为了不使阁下认为我在有意拖延，我把时间限定为一个月，即在圣诞节之前解决。阁下大概能知道，不可能再快了……"

同一天，即1538年12月2日，费利克斯·赖希也给丹蒂谢克回了一封信，信中写道：

"至于谈到尊敬的尼古拉·哥白尼先生，我赞赏阁下令人钦佩的愿望和那父亲般的提示，我也希望这种告诫能够触动他的心扉，这样就无需我再提示了。我担心如果他发现我知道这件事，他会感到羞愧。阁下谈生意问题的信，我本来可以读给他听，如果不是中间穿插了一些话，尤其是我们谈的这件事……"

从两封信的内容来看，丹蒂谢克曾尖锐直接地告诫过哥白尼。

事情并没有就此结束，因为哥白尼让安娜离开了自己的家，但却仍然同她幽会。丹蒂谢克为了抚慰哥白尼，请他讲述一些他舅舅——瓦尔米亚主教瓦兹洛德的事。哥白尼在给主教回信时顺便提到了他遵照指示解决安娜问题的情况，他这样写道：

"我已经执行了我无权也不敢

轻视的任务，接受了阁下的告诫。至于阁下想要了解的事情，即阁下的前任、我的舅舅乌卡什·瓦兹洛德活得很久的问题，是的，他活了64岁又5个月，担任主教23年。在1522年3月的倒数第2天去世。他的家族也从此绝迹，家族的族徽至今还能在托伦一些最古老的建筑物上和许多工厂里见到。"

蒂德曼·古斯曾竭力劝丹蒂谢克相信，关于安娜和哥白尼关系的传闻是被夸大了的，不足为信。他说：

"遵照阁下的意愿，我同尼古拉·哥白尼博士先生进行了严肃的谈话，并对他把话说明了。他对那些不怀好意的人指责他进行幽会感到相当惊讶。再说他当时毫不迟疑地执行了阁下的指示。他拒绝了有关那个人被解雇后又同她见面的指责，只有一次例外，那是在克鲁莱维茨的市场上，她情不自禁地和他说了话。总之，我相信他并不像许多人想象的那样痴情。年事已高再加上不间断的学习以及他正直的品行，是他在这方面的保证。尽管如此，我还是提醒他避免任何有罪过嫌疑的举动，我想他会在意的。另一方面，我建议阁下不要过分相信告发者……"

这件事的告发者是帕维尔·普沃托夫斯基——瓦尔米亚神甫会大教堂的教长，他仇视哥白尼，他向主教报告哥白尼的一切活动。其中有一份报告这样写道：

"至于弗龙堡的那位小女人，她在亚历山大·斯库尔泰蒂的家里藏了几天，她许诺说要带着自己的儿子离开。亚历山大带着满意的神情从卢巴瓦回来。我不知道他带来了什么消息。他暂时与尼德罗夫和女管家在一起，女管家的样子像啤酒店的女招待，沾染了各种不良习气。来自尼古拉博士身边的那个人实际上已把自己的东西寄送到格但斯克，而她自己却仍然留在弗龙堡。"

丹蒂谢克的朋友阿哈希·冯·特伦克神甫在这个问题上表现得很理智。特伦克神甫对哥白尼很友好，他在写给丹蒂谢克的信中竭力反对告发和谩骂哥白尼，他说：

"我在卢巴瓦遇见了尼古拉博士，有人当着他的面提到了他的女管家，尼古拉声明说，永远也不会让她再进自己的家，不想再同这件事再有任何牵连。我知道，阁下以前曾因他的行为提醒过他，我相信这没有白费。再说，年龄和智慧也很容易使这位如此高尚的人放弃这类事情。"

丹蒂谢克作为哥白尼在教会的上司，不能容忍老神甫的浪漫行为。但必须承认，他对哥白尼非常温和，没有再深入追究这件事。

正当哥白尼感到非常苦闷时，出现了一个人，这个人在哥白尼生活的最后年代里成了哥白尼最忠实的学生和朋友。这个人丝毫也不在意有关老师的传闻和老师周围的气氛，再说作为一名新教教徒的他对这类事根本不予理睬。这个人就是纽伦堡大学教授耶日·约阿希姆·冯·劳亨，又名雷蒂克。他对哥白尼的天才发现非常感兴趣，于是便慕名来到弗龙堡。他的到来为传播哥白尼天才学说起了相当大的作用。

巨著诞生

公务活动将哥白尼造就成了忠于国家并对经济有贡献的行政管理者，他的忠诚即使在艰难时刻也从未动摇过。仅这些功绩就足以使哥白尼作为名人载入地方史册，即作为忠诚的爱国者和多才多艺的人文主义者永垂民族青史。然而，天文学方面的成就又进一步使哥白尼赢得了来自全世界的赞誉。摆脱公务活动后，他能够无拘无束地献身于自己的爱好，然而，天文学研究方面的主要成就却是他在积极从事公务活动时期取得的。因为他很早就写出了《浅说》这个太阳中心说的提纲，大约在1515年才开始撰写他的主要著作《天体运行论》。这部巨著断断续续地共写了18年，随后又进行了一些修改，然后才准备出版。当时的天文学家们和哥白尼的朋友们从《浅说》中已得知哥白尼提出了完全崭新的论断，这个论断推翻了当时天文学的基础理论。哥白尼把科学和神秘的巫术区分开来，这使他永远遭到那些丧失了赚钱门路并受到嘲弄的占星术士们的仇视。虽然哥白尼身居远离科研中心的弗龙堡，但他却对当时发生的各种科学事件了如指掌。很多朋友向他报告国内外的重要科学发明和新出现的科学观点，也有不少学者经常请他对与天文学有关的各种问题发表意见。

哥白尼青年时代的一个朋友伯纳德·瓦波夫

斯基，住在克拉科夫教区，给国王当秘书。他以前在大学学习法律，但业余爱好天文学，因天文知识是他绘制波兰地图所需要的。1524年春，他把扬·维尔纳在1522年发表的一本名为《论第八天体的运动》的著作寄给哥白尼，并请哥白尼对这本书发表意见。这本书在当时的天文学界已得到肯定的评价。扬·维尔纳曾经是弗龙堡的神甫，后来搬到纽伦堡，在纽伦堡成为比较知名的天文学家之一。哥白尼对维尔纳著作所做的评价与普遍的评价截然不同，这在欧洲引起了极大反响，也由此使哥白尼的名字广为流传。哥白尼很快发现，维尔纳犯了许多错误，他的论断只会在天文学家中引起混乱。1524年6月3日，哥白尼将自己的看法写成信寄给了瓦波夫斯基。这实际是关于维尔纳著作的一封激烈的辩论信，信上详细列举了纽伦堡这位不幸的天文学家的所有失误。但在信中哥白尼没有透露自己有关地球运动的观点，整个批评根据正统科学所提出。写给瓦波夫斯基的这封信是哥白尼辩论文章中的一个杰出范例，也显示出作者具有出色的文学天赋，这封信的主要内容如下：

"尊敬的克拉科夫教堂歌手和神甫、波兰国王陛下的秘书伯纳德·瓦波夫斯基先生，尊敬的阁下：

不久前，你——我最好的朋友伯纳德将扬·维尔纳在纽伦堡出版的《论第八天体的运动》一书寄给我，说许多人赞扬这本书，你请我谈谈自己对这本书的看法。如果我能赞赏和真诚地推崇它，那我可能很乐意这样做，此外，我还会称颂作者的热情和付出的努力。亚里士多德告诫人们，哲学家不仅应该感激那些说得对的人，也要感谢那些说得不对的人，因为已经得到证实的错误往往会给那些想沿正确道路前进的人带来不少好处。再说批评的好处并不多，也没有多大作用，因为厚颜无耻之徒的天生特点是喜欢讽刺挖苦，而不是创造。由此令我感到担心，会不会有人指责我只知责备别人，而自己却什么好的东西也拿不出来。想到这儿，我本想把这个问题原封不动地留给其他人，让其他人去努力解决。可为了让你了解我的意见，尊敬的阁下，我愿给你一个笼统的回答。因为我认为，谩骂和指责是一回事，而改正和使人摆脱歧途则是另外一回事。同样，赞扬是一回事，而吹吹拍拍和阿谀奉承则是另外一回事。我没有理由不满足你的要求，也不能拒绝在你提出的这些问题上花费功夫和付出努力。为了不使人们说我对这个人批评得过分大胆，我尽可能清楚地说明，关于恒星运动，他在哪些地方搞错了，他论证的缺陷是什么，这对更准确地理解这方面的原则会有不少帮助。

首先他把时间计算错了。他认为安东尼·庇护·奥古斯都二年克劳迪·托勒密把自己观察到的恒星写进星球目录时，是基督诞生后的150年；而实际上却是139年……如果有谁怀疑，不想就此罢休，想到正这一点的话，那他应该记住，时间是数字，是对天空旋转的度量……而度量则是靠相互依赖性进行测定的，因为度量是相对的。既然托勒密的图表是根据他不久前的发现制定的，那就不可能设想这个。图表会和他当时的发现有什么偏差，或者和他的思想有什么差距，否则就不符合他所依据的那些原则了。另外一个不小于前一个的错误表现在他的指导思想上……说托勒密之前400年恒星位置的变化仅仅是因均匀运动造成的。为了更清楚地说明这一点……我认为必须注意到，我们有些认识是与自然不符合的，我们关于星球的认识就属于此类，同实际情况刚好相反……关于第八天体的运动问题也是这样，

由于它运动得过于缓慢，古代天文学家能向我们正确揭示它的运动规律。然而，想研究这种运动的人应该沿着古代天文学家的足迹，依据他们留给我们的那些发现继续进行考察。……如果有谁不这样做，认为他们是不可思议的，那么科学的大门就会真的对他们紧紧关闭。在门前休息时，他便会病态地梦想出第八天体的运动情景来——于是就有了功劳，想通过贬低古代人来为自己的幻觉帮忙。众所周知，古人异常勤奋、顺利和周密地观察了这一切，并给我们留下了许多杰出的和令人叹为观止的发现。所以我无论如何也不能相信，像这位作者所估计的那样，古人在标示星球位置时会弄错四成、五成，乃至六成，关于这一点我们以后还要详谈。"

哥白尼作为一名尊重并善于运用古典科学成果的人文主义者写下了上面这些话。通过这种方式他对低估和轻视古希腊学者成就的人表示了自己的慷慨。古希腊学者的发现随着时间的推移，早已被人们遗忘。正是由于重温古代学者的著作，哥白尼才做出了自己的发现。维尔纳对人类早期学者的轻蔑态度，直接伤害了哥白尼，所以哥白尼才如此尖刻地同这位纽伦堡学

者展开辩论。哥白尼主要谴责了维尔纳提出的对摆动的看法。很早以来哥白尼自己也在研究这个问题。按照当时的观点，前面说的第八天体的运动是该天体直径两端沿着小圆的圆周运动形成的，而这些小圆的圆心又做缓慢、单一的运动。哥白尼把这种圆心运动称作"均匀运动"。而沿圆周的运动则称作摆动，今天称之为和谐运动。无论是哥白尼，还是维尔纳都对直线摆动，即活动点投影沿黄道的运动感兴趣。为了便于理解，让我们设想有一个正在水平方向做圆周运动物体的影子。这个影子在两个方向上沿直线来回移动，但移动的速度不同，在直线中心时的速度最大，两端的速度则大大降低。这种摆动成为该物体的单一直线运动，只是在活动点的两端上，摆动才不影响天体的速度。这时它的速度和圆心的运动速度相同。维尔纳错误地认为，在中心位置时摆动对速度的影响消失。下面让我们回到哥白尼的辩论信上来，哥白尼接着写道：

"现在我们来看一看，实际情况是否像作者所说，托勒密以前400年恒星位置的变化仅仅是因均匀运动造成的。他提出这一论点的依据是恒星在同等时间做单一的

均匀移动，也就是说直到阿里斯堪克和蒂莫哈雷斯时期，甚至到托勒密时期，每个世纪移动一度……不管怎么样，他作为如此高明的数学家却没有发现，下述情况无论如何是不可能的：在接近均衡点时……星球运动比在其他任何地方显得更均匀，因恰恰相反……那时星球的位置变化最大……于是他认为，这个计算结果有时少了，而有时又多了，同样的一个数量……这就好像说从雅典到泰贝的距离和从泰贝到雅典的距离不一样。算到两个不同位置时，或者加上，或者减掉两个数……这样，两种情况的结果就都一样了……于是他便把自己的错误归咎于蒂莫哈雷斯，而托勒密勉强幸免。然而，如果他认为那些人的发现是不能相信的，那么还剩下什么呢？难道连他自己的发现也不相信吗？……至于我自己如何看恒星天球的运动，我感到这里并不是过多谈论这个问题的时候。以后再找机会谈这个问题吧……尊敬的先生，愿你健康幸福！

尼古拉·哥白尼
1524年6月3日
于瓦尔米亚"

这封信首先在克拉科夫学术界引起轰动，随后它的抄写件开始在

欧洲流传，甚至在哥白尼死后仍然流传。

伯纳德·瓦波夫斯基认为靠书信往来不能与哥白尼充分交换意见，于是他决定长途跋涉，亲自从克拉科夫到弗龙堡去拜见哥白尼。1535年秋他来到弗龙堡，这是两位老同学分别多年后的首次会面。瓦波夫斯基对哥白尼的工作非常感兴趣，他恰好在哥白尼的主要著作已经完成的时候来到弗龙堡。但是，为了瓦波夫斯基编写各种天文资料和编制天文历法的需要，哥白尼仍然要继续进行天文观测。瓦波夫斯基将哥白尼写的一部分手稿带到了克拉科夫，并把它交给了奥地利的外交官齐格蒙特·冯·赫伯斯泰恩，托他把哥白尼的这些手稿作为天文历法的一部分在维也纳发表。

可惜，不久瓦波夫斯基就去世了，哥白尼的手稿也丢失了。没有任何人再管这件事，哥白尼自己也没有为发表这部作品做过任何努力，尽管波兰沿海地区就有好几家印刷作坊。

在摆脱了繁忙行政事务的晚年，哥白尼能够安静地从事天文观测和研究。他和外部世界保持着联系，时常有人来看他或给他写信。多年来他几乎每天都与自己的朋友、神甫会的同事蒂德曼·吉斯真诚地交流观测结果，两人无所不谈。蒂德曼·吉斯把哥白尼著作的出版看作自己的事情。甚至在哥白尼逝世后他仍致力于朋友著作的出版，直到生命最后一息。把他们联系在一起的不仅是对科学和生活的共同认识，还因他们在神甫会一起从事过共同的工作。

哥白尼的朋友们在意大利高级教会人士中传播哥白尼的理论和观点，以便通过这种办法为哥白尼公布自己的学说铺平道路，从而使当

时的科学实现革命。通过他们的努力，方济各会红衣主教尼古拉·申伯格对哥白尼的著作产生了强烈的兴趣，以至于在1536年11月1日他直接给哥白尼写了一封信，申明他想了解哥白尼的学说。他在这封信中写道：

"方济各会红衣主教尼古拉·申伯格向尼古拉·哥白尼同好。几年前我就听说了你的名字，关于你的天才，整个舆论的看法是一致的，当时我就对你产生了较大的好感，并向以你为主的人们表示祝贺，你像一朵鲜花在我们之中绽放。因为我知道：你不仅深谙古代数学家的发现，而且建立起一个新的宇宙理论。在这个新理论中你教导人们：大地在动；太阳是宇宙的根本，因此占据中心位置，八重天是不动的和永恒的；月亮连同它所在天层的各种因素位于火星和金星天层之间，每年绕太阳旋转一周。你还编撰了关于这一天文体系的《浅说》，并给所有被弄错了的星球运动重新编写了图表，这使所有人赞叹不已。学识渊博的大师，如果你不觉得我讨厌的话，我请求你，强烈地祈求你，把你的这个发现分享给科学爱好者们，并能尽快地把你有关天体的研究材料和图表

及其他各种有关材料邮寄给我。我已经派莱登的特奥多里克到你那里，由我付钱请他把你的材料抄寄给我。但愿你能满足我的请求，你知道我是崇拜你的人，并渴望为像你这样伟大的天才说句公道话。祝你健康！"

这位莱登的特奥多里克不是别人，正是拉增的特奥多里克或迪特里希，他是哥白尼在瓦尔米亚神甫会的同事，当时正担任神甫会驻罗马教廷的代表。对哥白尼来说，这封信是对他所从事的工作的赞扬，但同时也使他感到担心，担心他的发现可能遭到教会当局的敌视。然而哥白尼的高兴未能持续多久，因为这位开明的红衣主教第二年便去世了。这位红衣主教本来可能成为哥白尼学说的庇护人和捍卫者。

哥白尼早期著作的抄本已在整个欧洲流传。但只有为数很少的朋友了解他所写的具有划时代意义的巨著，这部巨著差不多已经定稿，就放在哥白尼的住房里。哥白尼并不急于出版这部著作，因为这部著作针对教会承认的最大权威，这样自然也就危及了正统的教会理论。在与教会有关的保守的知识界看来，日心说是宣传没有上帝的学说，为此哥白尼担心会因这部书而

被指控散布异端邪说，进而受到宗教法庭的审判。他更担心的也许是自己的发现不被人理解。关于他的学说，除友好的赞扬声外，已经有些试探性的信号表明，这种学说不仅会受到天主教会，也会受到路德教会主要人士的严厉谴责，马丁·路德本人就把哥白尼称为蠢人。

名为《天体运行论》的著作有十多年一直以手稿形式搁置在哥白尼的房间里。完成这部著作之后，哥白尼并未停止研究工作，仍然不断地利用天文仪器进行观测，这些观测进一步证实了他的计算结果和得出的结论。

哥白尼起初把自己这本著作

※哥白尼之前人们对宇宙的认识

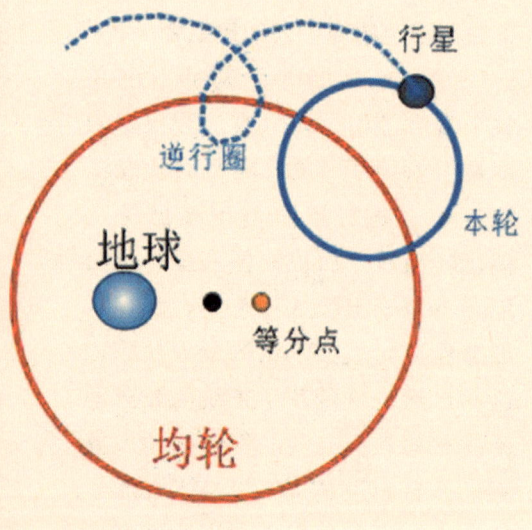

分为八卷，后来又分成七卷，而交付出版的是六卷。1525年前他撰写了前四卷，后两卷则是1530年以后写的。他的手稿是用非常难以辨认的充满了各种符号的文字书写的，只有熟悉其中奥秘的天文学者和数学专家才能看懂。后来在雷蒂克影响下，他才用比较通俗易懂的方式编辑了用于出版的文本。这本书的序言是1542年哥白尼写给教皇保罗三世的一封信。他在写这封信时，这本书已经交付印刷。在这封信里，哥白尼说明了自己的理论的实质及其产生的条件。因为哥白尼预见到自己的理论将会引起科学革命，所以他寻求教皇庇护，以免自己的学说被指责为异端邪说。教皇保罗三世在位的时间为1534至1549年，他曾是著名的人文主义者以及科学和文化的庇护人。哥白尼在信中将他称为数学家，当时天文学家也属数学家之列。这位教皇曾经对天文学，更确切地说是占星术感兴趣。有许多占星学家围着他转，没有他们的预言他不作任何重大决定，所以人们把他称为占星学家手中的工具。在保罗三世周围可能也有过哥白尼学说的拥护者，他们竭力说服教皇相信这一学说。

哥白尼的原始手稿已经丢失，我们只知道刊印出来的东西。该著作的原始题目是《尼古拉·哥白尼的运行六卷书》。出版时为便于更多人了解，特意改名为《天体运行论》。哥白尼认为，宇宙由以太阳为中心的天体组成，每个天体都有一个行星轨道。

该书的第一卷是基本部分，它分为14章。在这卷里哥白尼用不懂天文学和没学过数学的广大读者都能理解的语言介绍了自己天文学理论的概貌。从某种意义上说，这是一本哲学和世界观讲义。在正式论述之前，还有一段序言，在这段序言里哥白尼论述了天文学在各种科学中的地位及其实际应用。哥白尼写道：

"在引起我们兴趣、作为人类精神食粮的为数众多的和五花八门的科学与艺术当中，我认为，应该首先献身并以最大热情去从事那些包含在最美好和最值得了解的事物中的科学与艺术。研究宇宙中的旋转运动和星球运动、星球大小及其相互距离，它们的升起和降落，以及宇宙中所有其他现象形成的原因，并最终阐明整个宇宙结构的科学，就属于这类科学。有什么东西还能比天空更美好呢？要知道天空囊括了一切美好的东西。天空这名字本身就说明了这一点，拉丁文将天空叫作'科卢姆'和'芒杜斯'，前者的含义为清洁和装饰，后者的含义为雕塑……所以，毫不奇怪，这门作为人文科学之首、与具有高贵思想的人最相匹配的科学，依据的几乎是全部数学知识：算术、几何、光学、大地测量学、机械学和其他可能的数学分支，所有这一切构成了这门科学……与其说它是人的科学，不如说它是上帝的科学。这门科学深入到最高贵事物中，但也不乏艰难险阻，特别是从事这门科学研究的大多数人对希腊语称为假设的基本思想众说纷纭，莫衷一是，于是便各自根据不同的原理从事研究。"

这些话体现了哥白尼对天文学的无限热爱，他把天文学视为精密科学的无冕女王。对哥白尼来说，从事天文学研究不仅是纯粹的精神享受，也是他巨大热情和感情的寄托。

第一章的题目是《论宇宙之为球形》。哥白尼把对一个著名论断的引述作为这一章的开头：

"首先，我们应当指出，宇宙是球形的。这是否因为这种形状是万物中最完美的形状，无需进行任何黏合，就形成完整的整体，既不能添加什么，也不能减少什么……"

在第三章《大地和水怎样构成统一的球》里，哥白尼批驳了这样一种论点，即在我们星球上似乎水的容积要比大地的体积大。在这一章的论述中，大地被视作自然的基本因素之一。哥白尼的论证指出：

"同表面现象相反，正是环绕大地的水形成海洋并充满地球低洼的地方。由此可见，水的容积应该小于大地的体积，否则大地就会被水淹没，因为本身的重量，两者都趋于同一中心。这使部分大陆露出水面，使生物能生存，并到处都有一些岛屿。大陆是什么呢，不就是一个更大的岛屿吗？……

由此我认为，地和水具有共同的重心，但与地球的容积中心不相重合。因为大陆比较重，而且裂缝里充满了水，所以水容量比大地体积小得多，虽然水域面积看起来可能更大一些。大地跟环绕它的水结合在一起，其形状应该与它的影子一样。而在月食时可以看到的影子正是一条理想的圆弧。所以说，大地不是平面……也不是鼓形……而

是完美的圆。"

接下去的两章——第四章和第五章，论述的是天体的运动，其中包括地球的旋转运动。第四章的题目《论天体均匀永恒之圆运动或复合圆运动》发人深省。这一章为揭示地球旋转运动的自然性和必然性做了充分铺垫。

"现在，我们应当指出，天体的运动乃是圆周运动。这是因为这种运动对球来说是固有的性质，它反映了球形的特点。球这种形状的特点是简单、没有起点、也没有终点，旋转时不能将各部分区别开来。而且球体形状也正是旋转作用本身所造成的。可是由于天体之多，运动也是各种各样的。但各种运动之中最明显的就是周日旋转，希腊人称之为'日夜'，也就是昼夜交替。"

哥白尼用无可辩驳的论据逐步证明，将地球看作宇宙中心的论点是错误的。

第五章的题目是《地球是否做圆周运动与地球的位置》。对题目本身提出的问题，他的回答是肯定的，并大体确定了地球对其他天体的相对位置。

"如果不是假定天穹在运动，而是地球从西向东转，那么所有严肃思考问题的人都会发现，我们的结论是正确的……

接受这一事实，就提出了另外一个、起码不比前一个小的疑问，这就是地球的位置问题。几乎所有人都相信，地球是宇宙的中心。现在先让我们假定，地球并不正好在中心，而离宇宙中心有一段距离。这段距离与恒星天球相比非常小，与太阳和其他行星的轨道相比却差不多。这样，我们就把行星、太阳不均匀运动的原因归结为是它们围绕别的中心，而不是地球均匀运动的结果。从而就能找到这种不均匀运动的合理原因。此外，因为行星与地球之间的距离有变化，说明可能是行星在相对于地球运动，也可能是地球在相对于行星运动。所以地球肯定不会是行星轨道的中心。"

这样哥白尼就逐渐把读者引到了自己的理论之中，同时指出了当时普遍流行的观点的荒谬性。

《天比地大，其大无比》是第六章的题目，同时也是这一章论证的主题，与第七章《为什么古人认为地球静居于宇宙中心》相类似。在第八章里哥白尼批驳了所引述的论点，指出了它们的不足之处。

"托勒密对地球和地上的一切因自然旋转（与人为作用极其不同）而飞散的担心，是毫无道理的……"在这里哥白尼碰到了在世界观和意识形态方面具有重大意义的问题，但他没有进行研究，说它不属天文学范畴。他采取这一立场是担心会因这一问题而招来全面攻击，而全

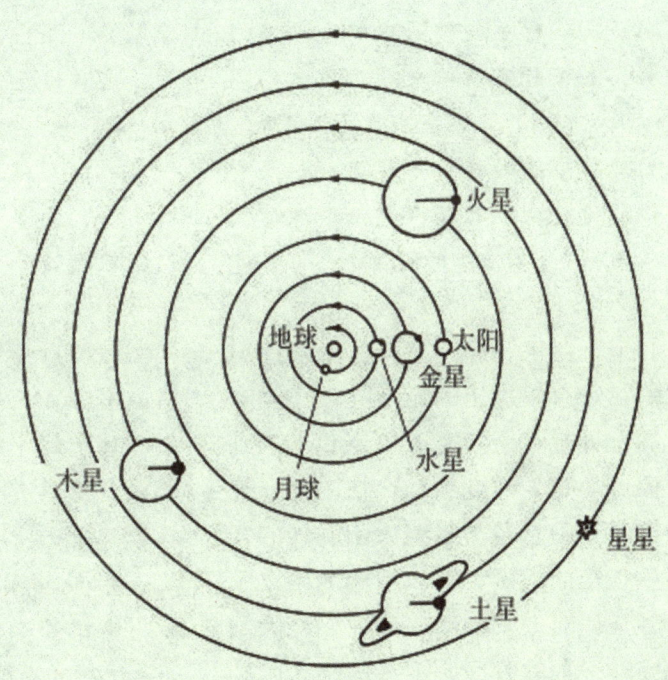

※托勒密的太阳系

面攻击则可能连他的天文学观点也被推翻。

哥白尼在题为《关于地球是否还有一种运动和宇宙中心问题》的第九章里，提出了一个非常重要的问题。在这一章里他勇敢地指出：根据观测，地球并不是所有行星旋转的中心，而宇宙中心也不等于我们地球的重心。他说：

"我们已经说明，地球不动的看法是没有道理的。所以我们现在应该考虑，地球是否有不止一种运动，以致可以看成一颗行星。

行星运动的不均匀性和行星到地球距离有变化的事实证明地球并不是所有行星旋转的中心。这是因为，如果行星在以地球为中心的同心圆上旋转，上述事实就无法解释。因此各行星的旋转不是只有一个中心。这样我们就可以讨论，地球重心是不是宇宙中心的问题了。"

哥白尼在题为《天体的顺序》的第十章里提出的论断导致了当时的世界观革命。今天仍令我们感到惊讶的是，他竟然那么精确地计算出了太阳直径与围绕太阳旋转的行星直径的比例，那么精确地确定了各天体对太阳的顺序和它们绕太阳旋转一周的时间。土星围绕太阳旋转一周的实际时间是29年又167天，而哥白尼计算为30年；木星旋转一周年是11年又315天，而哥白尼计算为12年；火星旋转一周是1年又332天，而哥白尼计算为2年；地球旋转一周是1年，而哥白尼也是1年；金星旋转一周的实际时间为225天，哥白尼计算为270天；水星围绕太阳旋转一周是88天，而哥白尼计算为80天。这些修正的计算结果是借助精确的现代化仪器而测得的，但哥白尼当时使用的则是一些十分简陋的器具。

接着，哥白尼用非常美妙的语言写下一段文字，简直是一首散文诗，在非人文学科的科学论文中是罕见的。哥白尼在讲述完各天体之后，这样写道：

"中央就是太阳。在这华美的殿堂里，为了能同时照亮一切，我们还能把这个发光体放到更好的位置吗？

太阳堪称宇宙之灯，宇宙之头脑，宇宙之主宰……由此，太阳坐在王位上统率着围绕它旋转的行星家族。地球有一个侍从——月亮。正像亚里士多德在《博物志》中所说，当地球从太阳那里受孕和怀胎，以便每年生育一次的时候，月亮是地球最亲的亲人。"

在第十一章，哥白尼讲的是"地球三种运动的说明"。三种运动即自转、周年旋转和倾斜面的运动。哥白尼是这样说明地球运动的：

"第一种运动是地球自西向东绕轴昼夜自转，……由于这种运动，使整个宇宙看起来像顺着'回归圆'做相反运动。所谓回归圆就是赤道，这是从希腊文翻译过来的。第二种运动是地心连同地球上一切的周年旋转：在金星与火星轨道间的黄道上从西向东运行。看起来好像是太阳在黄道上做相似的运动。"

哥白尼在论述中穿插了大量的图表、公式和三角坐标。第一卷的最后三章被称为"哥白尼的三角"，在手稿中是单独的一卷，但在准备出版时并入第一卷。其余各卷（第二卷到第六卷）讲的是天体天文学、地球绕太阳的旋转、月亮的运动理论和行星的位置。经雷蒂克的努力，哥白尼的著作就是按这种编排顺序出版的。

※ 地球的自转方向

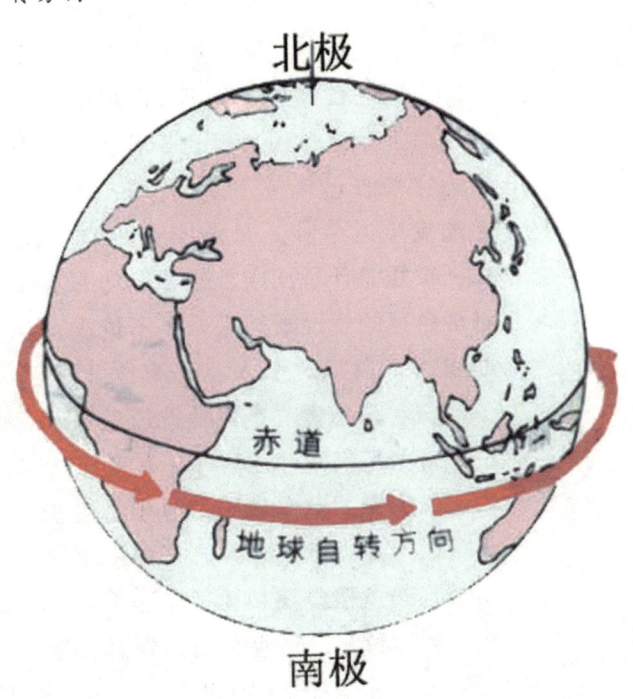

北极

赤道

地球自转方向

南极

迟到的声誉

人们发现，即便哥白尼亲朋好友相继去世，哥白尼的发现也不会被遗忘。当时人们所不能理解的是，他们长期坚持的思想竟然是不可靠的，地球确实在神不知鬼不觉地旋转着。虽然哥白尼的学说未能被承认，但他编制的天文图表和所做的计算已经被采用。不过有人仅把哥白尼发现的真理看作一种可能，仅仅是理论研究所需要的假设。在瓦尔米亚知识界，除哥白尼最亲密的朋友，大概只有丹蒂谢克主教充分评价了哥白尼这一发现的意义。但是由于他忙于和宗教改革运动做斗争，没有积极尽力宣扬自己天才下属的学说，况且，他和哥白尼还发生过争吵。丹蒂谢克的继承人斯坦尼斯瓦夫·霍兹尤什是反宗教改革运动的重要领导人，他对哥白尼的学说断然采取了不赞成态度。在他任职期间，哥白尼这个人及其事业几乎已经被人遗忘了。随着马尔青·克罗默就任瓦尔米亚主教，围绕纪念哥白尼问题才出现了一种利于传播哥白尼理论的气氛。克罗默主教于1581年出资在弗龙堡大教堂为哥白尼建造了纪念碑。哥白尼学说的首批信仰者不时到弗龙堡参观和凭吊，这引起了弗龙堡神甫会成员对这位早已去世神甫的怀念和崇敬。于是，便开始收集和保护哥白尼遗留下来的一些值得纪念的文物。

哥白尼最早的崇拜者之一是丹麦学者第谷·布拉赫。他在1584年把自己的学生派到弗龙堡，以便能够在那里考察验证哥白尼所做的一些计算，并收集有关哥白尼的文物。他曾经写诗赞颂哥白尼，并在自己的观测站里悬挂了哥白尼的画像。实际上他对哥白尼的理论并不是全部赞成，但他促进了哥白尼学说的推广。充分理解哥白尼学说意义的是德国学者约翰尼斯·开普勒。他也是了解奥塞安德尔篡改活动的第一位学者。他成功地得到了一本未经篡改的原著《天体运行论》以及奥塞安德尔写给哥白尼和雷蒂克的信件。开普勒不仅理解了哥白尼的理论，而且又把它向前推进了一步，他发现并解释了地球的第三种运动。一种流行的说法认为开普勒在1618年5月15日曾经说过：他掌握了"宇宙的奥秘"，因为他发现了行星距离同它们运行周期之间的联系。这一点哥白尼直观地感觉到了，但并没有加以归纳和总结。

同一时期，意大利的伽利略也在从事天文研究，他为哥白尼的理论找到了无可辩驳的论据。1597年，伽利略给开普勒写了一封信，信中说：

"我接受哥白尼的理论已经许多年了，并提出书面论据批驳反对哥白尼理论的人。但我没敢把它们公开发表，我被哥白尼的遭遇吓住了。哥白尼虽然赢得了几位不朽思想家的赞同，但在人们眼中，他却成为被嘲笑的对象。如果大多数人都能像你这样的话，那我也就有勇气发表我的看法了。"

伽利略开始公开宣传哥白尼的学说和自己的发现以后，尽管有几位耶稣会数学家和后来的教皇岛尔本八世承认他有道理，但他最终还是遭到了宗教法庭的审判，指责他宣传异端邪说，并迫使他放弃自己的观点。不管怎样，伽利略发表的

※伽利略发明的折射式望远镜

著作使哥白尼的学说在大辩论中获取胜利。年轻的学者布鲁诺因为信仰哥白尼的学说被活活烧死，但他临危不惧，面对死亡也没有放弃对科学真理的信仰。

在波兰首都克拉科夫，人们一直没有忘记哥白尼。

克拉科夫大学的教授扬·布罗热克沿着哥白尼的足迹经托伦到了瓦尔米亚。他收集到哥白尼遗留下的各种纪念物，有原本的，也有虚假的，其中有哥白尼写的几本书和他的部分信件。布罗热克在弗龙堡还发现一部献给哥白尼的诗作，名为《七颗星》，后来布罗热克把它公开发表了。由于他对哥白尼的多才多艺非常钦佩，便散布了一个传说，该传说一直流传至今。传说哥白尼建设了一条运河和自来水设施。根据所收集的材料和信息，是布罗热克写了第一篇内容翔实的哥白尼传记。可惜，布罗热克从瓦尔米亚收集到的有关哥白尼的材料，在他去世后又被遗失了。与瑞典人的战争打破了瓦尔米亚的宁静。公元1626至1630年，瑞典人洗劫了这一地区，并把哥白尼遗留的许多文物，主要是书籍和信件运到了瑞典，这些文物至今仍保存在斯德哥尔摩和乌鲁萨拉。当有人指责哥白尼的学说是不忠诚的邪说时，布罗

※伽利略的这架望远镜让人类望向了太空

热克积极热情地捍卫了哥白尼学说。他在克拉科夫热情地宣传了哥白尼——这位天才的学者、克拉科夫大学的骄傲。

对哥白尼产生兴趣的不仅仅是信仰他学说的人。

随着反宗教改革运动的发展，开始严厉地清算了每一个发表过违背教会学说言论的人。欧洲到处都燃起了火刑柱，唯有波兰成了当时欧洲最自由的国家，尽管反宗教改革运动在这里也很盛行。哥白尼在

世时，就有人指责哥白尼不忠于正统的教会学说。宗教改革运动的领导人路德和梅兰希顿对哥白尼学说也采取了否定的立场。处处都弥漫着一种敌视哥白尼的气氛。

16世纪下半叶，当布鲁诺开始宣扬哥白尼理论的时候，这种敌视气氛更加浓厚了。因为布鲁诺做宣传使用的不是数学家的语言，而是广泛的社会阶层很容易理解的哲学家的语言。因此，教会将布鲁诺的宣传当作巨大危险，并对他采取了迫害行动。起初的迫害对象只是哥白尼理论的信仰者，一段时间之后，哥白尼的著作也成为迫害的对象，被划入禁书之列。神学家们对哥白尼的学说作了这样的裁决：

※科学殉道士布鲁诺

"……所列举的这些看法是愚蠢的，从哲学角度看是荒谬的，形式上是异端的，许多地方明显违背圣经的说法……"

公元1616年3月5日，负责禁书事务的圣主教会议对哥白尼的著作作了下述结论："主教会议获悉，尼古拉·哥白尼在《天体运行论》中提出的关于地球运动和太阳休息的、违背圣经的、毕达哥拉斯信徒式的伪劣学说已经传播开来，并且已经被许多人所接受，主教会议认为，为了不使这种学说进一步蔓延，危害天主教真理，有必要对其加以禁止……直到它得到修正为止。"

在此基础上，教皇保罗五世发出指示，把哥白尼的著作列入禁书目录。这虽然不是指全部著作，但却有那些包含了基本论点的书。负责禁书事务的圣主教会议认为，知名占星学家尼古拉·哥白尼有关天体运行的著作应该受到完全的谴责，因为它阐述的地球位置和运动原则是与圣经背道而驰的。他的真正天主教徒式的解释并不是假设式的（这对一个基督教徒来说起码是不能容忍的），他甚至胆敢把这些理论说成是最真实的。然而，因为哥白尼著作中包含了许多对公众有益的东西，所以会议一致决定：

※哥白尼的日心说实现了天文学的根本变革，哥白尼也成为波兰人的骄傲

"迄今所印制的哥白尼的著作是可以允许的……如果能够按所附的样板加以修订的话……今后无论何时，如果需要再印刷时，不允许有其他形式，必须事先把指出的地方加以修正，并且把这个意见排印在哥白尼的序言之前。"

主教会议就这样对哥白尼的著作作了比当时安·奥塞安德尔大得多的歪曲和篡改。教会通过这种方法遏止了哥白尼学说的传播，但并没有推翻它。此后，哥白尼学说逐渐赢得了人们的信任，人们在天文观测和研究工作中所取得的进展，迫使教会不得不在300年后最终把《天体运行论》一书排除在禁书之列。1822年9月26日，教皇庇护七世批准颁布了一个教令，其中说道：

"那些讨论地球运转和太阳静止不动的著作，根据目前天文学家们的一致意见，准予印行。"

此前，尽管有教会的禁令，人们仍然在秘密地传阅伟大天文学家哥白尼的著作。在他的祖国，人们从来没有把他遗忘。18世纪末波兰丧失独立后，哥白尼成为知识界爱国学者的象征，人们把他作为伟大的波兰人加以纪念。扬·希尼亚德茨基为推广哥白尼学说做了大量工作，1781年他发表了颂扬哥白尼的演讲。几年之后又发表了一篇宣传哥白尼的学术论文。这篇论文后被许多国家翻译出版。

公元1802年8月12日，华沙科学之友协会的两名成员——塔德乌什·查茨基和马尔青·莫尔斯基从

※ 哥白尼博物馆

克鲁莱维茨给希尼亚德茨基写了一封信，信中说："在我们收集衰亡祖国纪念文物的路上，也寻找到有关哥白尼的文物。我们的发现虽然不大，但我们还是把它收集起来了，一方面是我们有这个愿望，另一方面也是为防止它落入破坏哥白尼作品的那些人手中……"

这是自布罗热克之后，到瓦尔米亚搜集哥白尼文物的第二次科学考察。法国皇帝拿破仑的行动进一步提高了哥白尼的威望。拿破仑在托伦逗留期间曾向哥白尼表示敬意，参观了哥白尼故居，并要求审议会修复保存下来的哥白尼的文物。由于斯坦尼斯瓦夫·斯塔希茨的努力，华沙王国议会决定在托伦建造一座哥白尼纪念碑。议会很快募集到资金，并且举行了奠基仪式，而纪念碑却未能建造起来，因为在维也纳会议之后托伦城已沦为普鲁士管辖。然而，斯坦尼斯瓦夫·斯塔希茨并没有放弃自己的主张，1830年终于在华沙竖起了哥白尼纪念碑，它使波兰人在艰难的被奴役时期想起了自己伟大的同胞。在希特勒占领时期，占领者在哥白尼纪念碑上挂了一个牌子，上面写道："哥白尼是最伟大的德国天文学家。"虽然有希特勒岗哨在监视着，但这块牌子还是让"灰色队伍"的士兵给摘掉了。

1854年，波兰首次在华沙出版哥白尼的著作。这是历史上的第四次出版。第二次是1566年在瑞士巴塞尔出版的；第三次是1617年在阿姆斯特丹出版的。这次出版的波兰文版是由扬·巴拉诺夫斯基翻译的。这个波兰文版本还附有原拉丁文书名、雷蒂克的《初讲》、哥白尼关于货币的论文及其他一些短小的文章。正是巴拉诺夫斯基把奥塞安德尔的歪曲和篡改从哥白尼的著作中剔除出去了，从此世人才真正看到哥白尼当初交到出版商手里的原著。哥白尼的手稿也几经波折，起初为雷蒂克所有，雷蒂克死后又几次易手，最后于17世纪末落到布拉格的一家图书馆。1953年，这份手稿被归还波兰，目前收藏在雅盖隆图书馆里。

即使在哥白尼学说处境最困难的时期，哥白尼那不平凡的智慧也受到充分肯定。哥白尼一直被看作杰出的数学家和天文学家，但是因为他的学说和圣经的几个段落相矛盾，所以没有被承认。当然，从后来的研究结果看，哥白尼的观点并不全部是正确的，他的后继者们对他的学说做了许多补充和修改。但是，哥白尼理论中最重要的部分，经过反复多次研究和观测，仍然证明是完全正确的。

※哥白尼的故乡托伦是哥白尼崇拜者向往的圣地